湛庐 CHEERS

与最聪明的人共同进化

HERE COMES EVERYBODY

CHEERS
湛庐

[美] 艾莉森·高普尼克　　　　　著
Alison Gopnik

刘家杰　赵昱鲲　　　　　　译

园丁与木匠

The Gardener and the Carpenter

What the New Science of
Child Development Tells Us About
the Relationship Between Parents
and Children

浙江科学技术出版社·杭州

 **你会用进化的视角看待孩子的天性吗？**

扫码激活这本书
获取你的专属福利

- 混乱是童年生活的主旋律，这是对的吗？
  A. 对
  B. 错

- 当婴幼儿模仿他人时，他们所做的只是简单的重复吗？
  A. 是
  B. 否

扫码获取全部测试题及答案，
一起了解如何在教育中寻找
平衡的艺术

- 按照进化学的理论，人类的思维更像是：
  A. 一朵花
  B. 一只手
  C. 一把瑞士军刀
  D. 一台计算机

扫描左侧二维码查看本书更多测试题

最懂孩子学习的
顶级心理学家

国际公认的儿童学习与发展
研究领袖

ALISON
GOPNIK

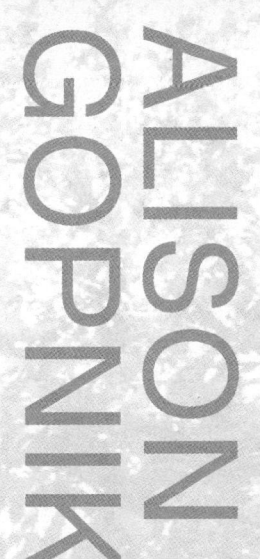

艾莉森·高普尼克

Alison Gopnik

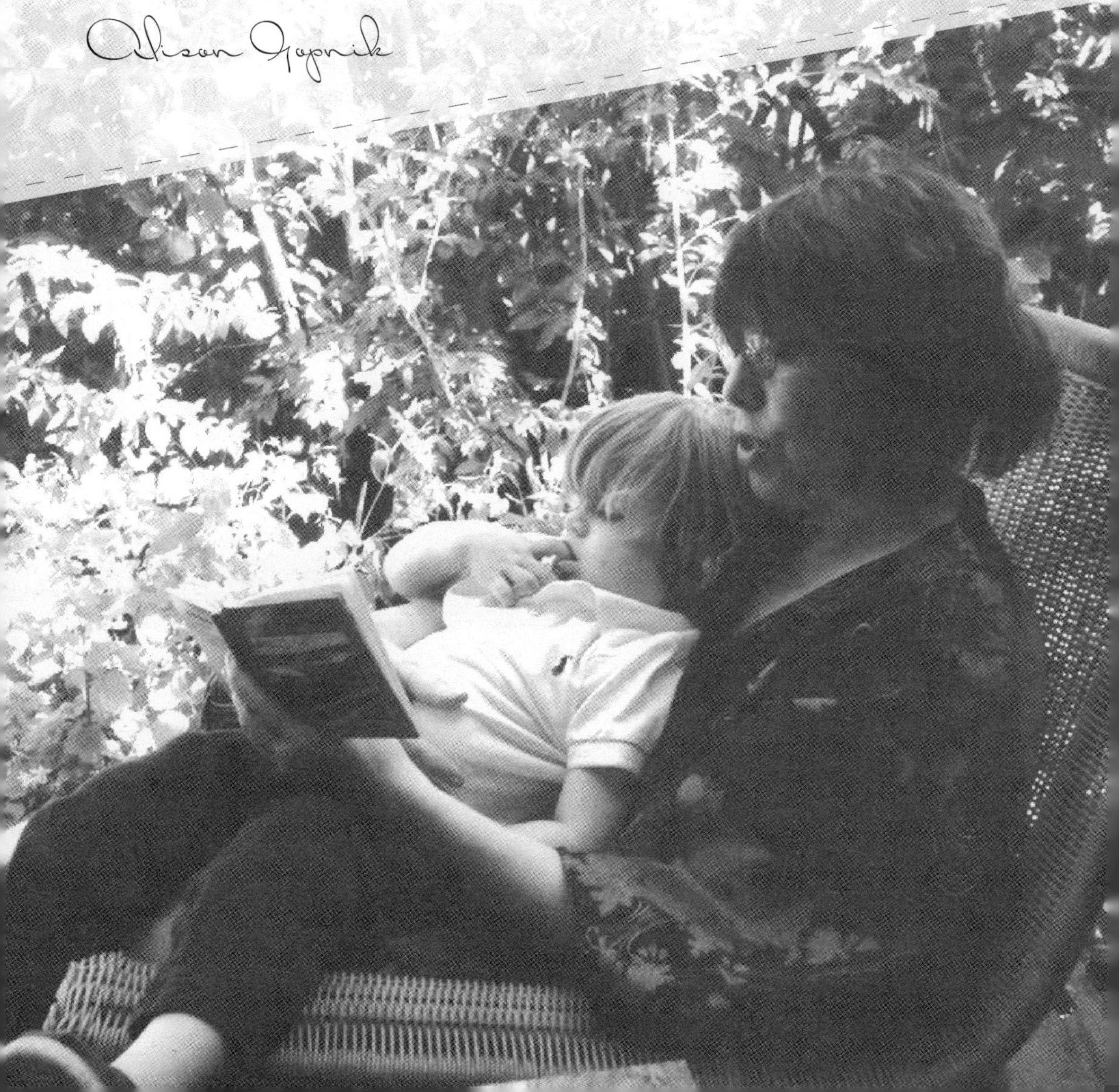

勇于挑战"皮亚杰"的儿童心理学家

要问过去 20 多年来心理学和哲学领域最重要的突破性研究是什么，那就是科学家们发现了孩子不同于成人的独特学习能力。

过去，人们常把孩子看作不完整的人，但最近10多年，科学家和哲学家研究发现，孩子并不像著名心理学家皮亚杰理解的那样——缺乏共情能力和道德意识，只拥有有限的感觉和知觉。相反，孩子不仅比成年人更善于学习，他们还充满了创造力，并且在很小的时候就拥有了一些道德意识。

成就这一研究成果的重要人物，就是心理学家艾莉森·高普尼克。高普尼克早年学习哲学，后进入牛津大学，获得实验心理学博士学位。她结合神经科学、哲学和心理学知识，系统研究了婴幼儿的认知过程。

高普尼克认为，漫长的童年就是人类专属的学习期，它使孩子成为全宇宙最高级的学习者。通过比较孩子和成人的意识，高普尼克得出结论：对所有人类而言，孩子是真理、爱和人生意义的最大来源。

"心理理论"创始人之一，联姻哲学与心理学

高普尼克是国际公认的儿童学习与发展研究领袖，也是第一个从儿童意识的角度深刻剖析哲学问题的心理学家。

"心理理论"假设人类先天能够以推理方式理解自己以及周围人的心理状态，并根据推理做出合乎社会期待的反应与行动。这个理论源于哲学，进入心理学领域后，慢慢成为认知心理学与神经科学的研究重点之一。

高普尼克撰写并发表了大量学术和科普文章，并成为加利福尼亚大学（简称"加州大学"）第一位拿到摩尔杰出访问学者奖学金的心理学家，她同时获得了斯坦福大学行为科学高级研究中心奖学金、牛津大学万灵学院杰出访问奖学金、剑桥大学国王学院杰出访问奖学金的资助。

儿童心理理论受到高度关注，高普尼克曾就此在美国科学促进会、美国哲学学会及诸多儿童福利机构发表演讲，她也是第一位就这一主题在美国心理学会上发表演讲的人。2013年4月，高普尼克进入美国人文与科学院。

用数学模型走进孩子心智迷宫的科学家

曾获 2011 年图灵奖的人工智能专家朱迪亚·珀尔（Judeal Pearl）说："艾莉森·高普尼克是第一批用数学模型来解释儿童如何学习的心理学家之一。"高普尼克在加州大学伯克利分校儿童研究中心的工作就是研究这种数学模型。

作为 3 个孩子的妈妈，以及 3 个孩子的祖母，高普尼克一直仔细观察自己家孩子们的成长，并从中印证她的研究成果。在孩子天生会学习系列的 3 本书中，高普尼克用贝叶斯算法解释了孩子对因果推理的娴熟运用，其中《孩子如何思考》入选美国育儿网站 Babble "50 本最佳育儿图书"，《园丁与木匠》荣获美国认知学会年度最佳图书奖。

高普尼克在 TED（技术、娱乐、设计）大会上就"婴儿在想什么"这一主题进行的演讲，点击量已超过 300 万次，她还在《查理·罗斯秀》《科尔伯特报告》等脱口秀节目中亮相。她的文章和评论见于《纽约时报》《卫报》《华盛顿邮报》《纽约客》《科学人》等美国各大媒体。

作者演讲洽谈，请联系
BD@cheerspublishing.com

更多相关资讯，请关注

湛庐文化微信订阅号

目录

引言　**你是园丁，还是木匠**　/001

01　"教养"是一种糟糕的现代发明　/019
　　混乱是童年的主旋律
　　年轻的大脑天生就要探索
　　父母的爱让孩子的智力发展成为可能

02　童年，人类进化的关键策略　/035
　　养育孩子比狩猎技能更重要
　　要考证，不要假设
　　童年越漫长，智力越发达
　　人类的学习能力在反馈循环中代代更迭
　　多样性是面对未知的利器
　　对孩子精雕细刻终归是徒劳

03　爱，持续进化的保障　/057

爱的三面手1：父母
爱的三面手2：祖父母
爱的三面手3：异亲
对孩子的爱就像一个无法言喻的承诺
因为照顾所以爱

04　边看边学　/087

孩子都是优秀的小演员
镜像神经元的"神话"
模仿是最有效的因果学习形式
孩子的模仿能力高级又高效
孩子拥有超越成人的创造力
过度模仿，抓住"权威"的每一个细节
仪式模仿，找到文化归属感
和孩子一起做，而不是"照我说的做"

05　边听边学　/117

依恋模式决定孩子更相信谁
你的孩子为什么不信你的话
孩子知道虚构和假想不是现实
永无止境的"为什么"，是在寻求好的解释
"为什么"的最佳答案是揭示因果关系
你的解释影响孩子的思维方式
孩子对你的信任胜过一切方法

06 边玩边学 /151

打闹是一种社交演练
聪明的动物对一切都感兴趣
玩玩具就是在做科学实验
假装是人类独有的玩耍方式
反事实思维,想象力与创造力之源
爱假装的孩子善于弄清别人怎么想
玩耍教会我们如何应对意外
"玩"就很好玩,不需要理由

07 边练边学 /183

学徒训练是历史主流教育方式
目标导向的学校教育是一种新发明
从探索式学习到掌握式学习
学校就像专注力竞技场
学校教育应该服务于不同类型的孩子
重要的学习发生在教室之外
青春期:游走在冲动与控制之间

08 科技与孩子的未来 /215

"阅读"是门新技术
步入电子屏幕的世界
科技之于孩子,就像阅读之于我们
让时代的棘轮徐徐向前
网络世界的希望与迷失
给孩子一个世界,让他们重建

尾声	**养育孩子的意义** /237
后记	**为人父母是在一系列矛盾中寻找平衡的艺术** /254
致谢	/257
注释及参考文献	/260
译者后记	**别再"焚琴煮鹤"你的孩子了** /261

引言

你是园丁,还是木匠

为什么要做父母?照顾孩子既不容易,又累得要命,大多数人却乐此不疲。为什么?是什么让这一切都值得?

有一个常见的答案,特别是对当今的中产阶级父母来说,那就是:为人父母,你才可以做那件被称为"教养"的事情。"为人父母"是一个以目标为导向的动词,它描述的是一种工作,目标是最终把你的孩子培养成更好、更快乐或更成功的成年人,比没有你的教养要更好,或者比隔壁家的孩子要更好(虽然这话我们只能悄悄地说)。正确的教养方法会养育出好孩子,他们之后也会成长为优秀的成年人。

当然,人们有时候会使用"教养"这个词来描述父母的实际行为,但在更多的时候,尤其是在现代,"教养"是指父母应该做的事情。在这本书中,我要提出，这样一种"处方式"的养育观念，无论是从科学、哲学、政治的角度，还是从个人的角度来看，在根本上都是错误的。这是对父母和孩子如何真正思考和行动的误读，也是对他们应该如何思考和行动的误解。这种观念其实只能使孩子和父母的生活变得更糟，而不是更好。

"教养"这个概念铺天盖地，听上去是父母理所当然要做的事，似乎不言而喻、无可争议，而且显而易见。父母，包括我在内，都被教养模式深深吸引，但同时，我们也模模糊糊地感觉到，它有很大的问题。[1] 我们既担心孩子在学校里表现不够好，又能感到他们正在承受着需要在学校表现良好的压力。我们拿自己的孩子和朋友的孩子比较，然后又在心里鄙视自己。我们点开最新的网络文章，看到里面都是对育儿新方法的赞许或批评，然后又会说，有时甚至是大声地说：还是按照直觉来做就好了。

对许多人力密集型企业来说，让员工努力获得某种特定的结果，是一种很好的工作模式，这也是木匠、作家或者企业家的正确工作模式。你可以根据你制作的椅子、创作的书的质量或者公司的盈利状况，来判别你是不是一个优秀的木匠、作家或 CEO。在教养的场景中，教养方法也遵循相同的模式：父母的工作与木匠异曲同工，只不过生产的不是椅子这种特定类型的产品，而是一种特定的人。

在工作中，专业知识能将人导向成功。教养模式的隐含前提则是有一套技巧、一些特定的专业知识，父母只要学会了这些技巧和知识，就能帮助自己实现塑造孩子人生的目标。这已经形成了一个规模可观的行业，这个行业

---

[1] 本书注释均通过数字上标方式标注。扫描第 260 页二维码即可下载全部注释及参考文献内容。——编者注

的从业者夸下海口说他们正好能提供这套专业知识。单是亚马逊网站上的教养类书籍就有大约6万种，其中大部分在标题里都有类似"怎么""如何""方法"等字眼。

当然，许多教养实操类书籍只是给父母提供了一些实用建议，然而更多的书则夸下海口说只要你掌握了正确的技术，你家孩子的未来就会发生巨大的变化。

这种教养模式不仅仅出现在实操类书籍中，它还塑造了人们对儿童发展的总体看法。我是一名发展心理学家，我想要弄清楚孩子的想法，以及他们为什么会这样想。即便如此，几乎所有就发展科学领域的知识采访过我的人，都会问我一些问题，诸如父母应该怎么做，这么做的长期效果会是什么。

这种"教养"的想法也是父母，尤其是母亲的一个主要烦恼来源。它在永无休止的"妈咪战争"中火上浇油。如果父母们接受养育是一种工作的观念，那么就必须在这种工作与其他工作之间进行选择，比如真正的工作。特别是母亲，她们会变得越来越有防御心理，也越来越感到困惑，不知道自己是否可以既做个好妈妈，又获得事业上的成功，甚至还会被迫去选择到底是降低母亲角色的重要性，还是放弃事业。父亲要面临的困境也好不到哪里去，而且由于父亲角色的重要性更少被人承认，因此他们可能处于更加两难的境地。

女性在自己的回忆录中常会不无苦涩地自觉承认自己身为母亲的矛盾心理，这是一种对贬低父母重要性的防御性冲动。毕竟，如果养育是一项工作，旨在成功地"创造"一个成年人，那这项工作实在是太糟糕了：长时间地工作，没有加班工资和福利，还有一大堆体力活。而且在长达20年的时间里，你都不知道自己做得是否够好，这个事实本身就会让人变得更加容易焦虑和愧疚。但如果它不是一项工作，我们为什么要做它？如果不是要"创造"一种特定的成年人，那养育的目标到底是什么呢？

我自己就是焦虑的中产阶级父母中的一员，我这一辈子都在感受着教养模式的威力和我对它的抗拒。我的三个儿子都已经长大成人，还算幸福和成功，并开始生儿育女。但是我也发现，我总在根据他们人生的起起落落来评估自己的功与过：我最小的儿子在8岁时，我还在每天送他上学，是不是过度保护了？或者当他9岁后我没有再送，是不是太过疏忽了？我希望孩子走他们自己的路，发现自己的天赋。但是，我当初是不是应该坚持让大儿子读到大学毕业，而不是让他去做音乐？我之前相信，现在也仍然相信，好的公立学校是所有孩子的最好选择，但是当我的大儿子和二儿子在当地的公立高中难以适应时，我是否应该像对小儿子一样，将他们送到郊区的私立贵族学校呢？我是应该逼小儿子关掉电脑去读书，还是应该让他学习编程？我怎么才能确保我"聪明"的二儿子既有很多时间自由玩耍，又能完成作业，同时还可以参加高等数学班和芭蕾课？最难的是，当我的小儿子完成高中学业时，我离婚了。我是应该早些离呢，晚些离呢，还是根本不离？

我拥有的儿童发展专业知识并不能让我比其他人更了解答案。回顾我近40年的养育历程，我怀疑真正的答案是：我们问了错误的问题。

反思自己作为家长的经历，可能会让你怀疑自己的教养方式。但思考一下其他父母的教养方式，也让教养模式不太站得住脚。毕竟我们这一代人，是成长在幸福温室里的"婴儿潮一代",和成长在大萧条和战争苦难中的"最伟大的一代"父母比起来,实际上并没有多大改善。我们都认识一些童年生活得很糟糕的人,长大后过得非常不错,并成为慈爱的父母;也认识一些非常好的父母,最终却养出悲惨不幸的孩子。

对教养模式最有说服力、也最令人心碎的反例是,有些孩子永远无法长大成人。2011年,埃米莉·拉普(Emily Rapp)写了一篇关于她儿子罗南的文章,极其感人,流传甚广。拉普知道罗南会在3岁前死于家族性黑矇性痴呆症,但仍然非常爱他。拉普的儿子根本不会长大成人,但我们觉得,拉普和其他处境相似的人是最具深刻意义的父母。

难道不应该弄清楚我们为什么值得成为父母吗?父母养育孩子的焦虑经常出现在杂志的生活专栏或者"妈咪博客"上,但本书认为,那些日常的担忧实际上反映了人类本身真实而又深刻的一面,这些紧张关系是我们作为人类的一部分。从生物学的角度来看,我们独一无二的漫长而又无助的童年,以及随之而来的父母对孩子的巨大投资,是使我们成为人类的关键部分。这项投资的目的是什么?它又为什么会进化出来?

为什么做父母是值得的?这不仅仅是个人或生物学层面的问题,也是社会和政治层面的问题。在人类历史上,照顾孩子从来都不仅仅是亲生父母的事情。从一开始,它就是任何人类社区的核心项目。今天也依然如此,比如教育,就是一种广义上的儿童照顾机制。

与其他社会机构一样,我们照顾孩子的方式已经大为改变,并将在未来继续发生变化。如果我们想对这些变化做出正确的决定,首先要仔细考虑的是,照顾孩子到底意味着什么。学龄前儿童应该是怎样的,我们该如何对公立学校进行改革，谁来决定孩子的福利，我们应该如何应对新科技，照顾孩子是一个政治话题，也是一门科学和个人课程，无论范围大小，都充满了紧张和矛盾。

除了实操类书籍和充满苦涩的回忆录外，一定还有其他关于养育的思维方式。从源远流长的科学和哲学的视角来看待这个问题，可能会有所帮助。但我最近升级做了祖母，也许我的看法是更好的视角。祖母的身份能提供一种更加共情的距离，无论是从年轻时当妈妈的经验和教训来说（虽然那时我也不知道哪些是经验，哪些是教训），还是从自己孩子当前的挣扎来讲。

因此，本书是由一位祖母所写，这位祖母恰巧又是一名科学家和哲学家，而且这是一位来自加州大学伯克利分校的祖母，一位拥有认知科学实验室且在讲老故事和做蓝莓派之余撰写哲学论文的祖母。以前，像我这样既是科学家又是哲学家的祖母并不多见，所以将这两种视角结合起来，也许可以帮助我们从超越教养模式的层次来理解为人父母的价值。

为人父母，本质是爱

如果教养模式是错误的，那么正确的是什么？"Parent"（父母）其实不是一个动词，也不是一种工作形式，它不是，也不应该指向一个目标，即将孩子塑造成某种特定类型的成年人。相反，成为父母，照顾一个孩子，是成为一种深刻而独特的人类关系的一部分，是投入一种特定的爱当中。工作是人类生活的核心，我们离不开它。但"工作和爱使生命值得度过"，这据说是弗洛伊德和猫王都说过的名言。

照顾孩子的那种爱不仅来自亲生父母，还来自被学者称为抚养者的所有人。这种爱的形式超越了亲生父母，是我们所有人生命的一部分。

我们都能认识到工作相对于其他类型的爱和关系之间的差异。成为一名妻子，并不意味着就要"做"妻子；成为朋友也不意味着就要"做"朋友，即使是在社交网络上；我们是自己父母的孩子，但也不用在他们面前"做"孩子。然而，这些关系对于我们是谁来说至关重要。任何对生活感到满足的人都沉浸在这些社会关系中。这不仅是关于人类的哲学真理，更深深植根于我们的生物本性中。

谈论爱，特别是父母对孩子的爱，听起来可能既模糊感性，又简单明了。但是与所有的人际关系一样，对孩子的爱既是我们生活的底色，也是我们所做的一切事情的背景，它不仅无处不在、不可避免，而且非常复杂，充满了变化甚至矛盾。

我们可以追求更好的爱，而不用把它看作一种工作。可以这样说：我们努力成为一名好妻子、好丈夫，或者说我们把成为一个好朋友或更好的孩子看得很重要。但我不会拿丈夫的品格在我们结婚多年后是否有所提升，来评价我的婚姻是否成功，也不会拿朋友是否比我们第一次见面时更幸福或者更成功，来评价一段友情的品质。其实我们都知道，友谊是在最黑暗的时候才最闪亮。然而，这却是为人父母的隐含意义：你作为父母的质量如何，可以甚至应该由你"创造"出来的孩子来评判。

如果为人父母，特别是幼儿的父母，是一件相当可怕的工作，那么至少对大多数人来说，这是一份相当伟大的爱。我们所感受到的对年幼孩子的爱，以及他们对我们的爱，都是无条件和亲密的，在道德上深刻，在情感上热烈。

> 作为父母，最重要的奖励不是孩子的成绩和奖杯，甚至也不是他们的毕业典礼和婚礼，而是与孩子一起生活所感受到的身心愉悦，以及孩子与你在一起的点滴快乐时光。

爱没有目标、基准或蓝图，但爱是有意义的。这个意义不是为了改变我们所爱的人，而是为了给他们提供条件，让他们蓬勃发展。爱的意义不是塑造我们所爱之人的命运，而是帮助他们塑造自己的命运；不是为了向他们展示道路，而是为了帮助他们找到自己的道路，哪怕他们所走的道路不是我们想选的，也不是我们能为他们选择的。

确切地说，爱孩子的意义就是为那些无助的幼儿提供一个丰富、稳定、安全的环境，这个环境充满变化、创新和新奇的元素，可供他们无限发展。无论是从生物学和进化的角度来看，还是从个人和政治的角度来看，都是如此。爱孩子并不是给他们一个目的地，而是为他们的旅程提供给养。

养育中的两大悖论

可以说，为人父母仅仅就是为了爱孩子。只不过，爱永远没有那么简单。关于爱情的狂想、言论、书籍、歌曲可谓汗牛充栋，它们描述着爱的矛盾、复杂和独一无二，情感激烈，有时甚至是狂吼。我们对孩子的爱同样热烈，同样自相矛盾且复杂，同样独一无二得疯狂。但是，关于父母与子女，特别是年幼子女间关系的讨论，几乎只见于实操类书籍和回忆录之中。

在本书中，我将重点讨论两种悖论：爱的悖论和学习的悖论。这些悖论是建立在儿童本身的进化本质之上的，教养模式无法应对它们。当我们以科学和个人的方式来思考童年时，这些悖论就会出现。事实上，最新的科学研究已使这些悖论尤为凸显。

不过，这些悖论不仅仅是抽象的科学和哲学问题，它们就存在于现实生活的压力和困境中，伤害着父母的生活。本质上讲，它们是我们这个社会试图照顾孩子时所产生的道德和政治困境的根源。

爱的悖论

这里的第一种紧张关系是依赖和独立。父母和其他照顾者必须对完全依赖他人的婴儿负责，同时，他们也必须将那个完全依赖别人的小生物转化为一个完全独立自主的成年人。一开始，我们心满意足地给他喂奶、换尿布，一天到晚抱着他。最后呢，如果运气好，我们偶尔会收到一条从某个远方城市发来的温情短信。假如一段婚姻或友谊发展到最后的下场是像我们为人父母这样，那么这感情即使不是病态的，也是奇怪的。孩子最初对父母的依赖远超情人，最终却走向独立，给父母留下满满的距离感。

在孩子人生的早期，我们对他们生活细节的控制要远远超过他们自己。几乎所有发生在婴儿身上的事情，都是通过家长或照顾者进行的。但如果我是一个好家长，我就不会试图控制孩子成年后的生活。

这种紧张的关系在孩子青春期到来时变得尤其明显。我们的孩子不仅跟我们的关系较青春期前相对独立，他们这一代也较上一代相对独立。婴儿期意味着亲密，那时我们的身体和心理都紧紧地拥抱着宝宝；而我们的成年子女就是，也应该是"外星人"了，他们是未来的居民。

第二种紧张关系来自我们对孩子的爱的特殊性。 我们会以一种特别的方式关心自己的孩子。我们认为，自己孩子的幸福比其他任何事情都重要，甚至比其他孩子或我们自己的幸福都重要。我们可以，甚至应该毫不留情地推进这件事。想一想，一位可怜的母亲，住在一个贫民区，节衣缩食地将孩子送进一所好的私立学校，让他远远超出周围大多数孩子所能达到的水平。这是英雄主义，而不是自私或者愚蠢。

　　不过，这是一种独特的英雄主义。关于政治和道德的经典思考方式开启了一种观念，即道德和原则理念应该是普世的。公正、平等、正义，这些观念应该适用于每个人。例如，法律的本质观念就是法律面前人人平等。但我们对自己孩子的关心和负责程度远远超过对其他孩子，而且我们还应该这样做。

　　这种特定的投入来自哪里？这不仅仅是出于本能的亲密，几乎任何关心孩子的人都会爱上那个特殊的奇迹。但我们如何能够在更广泛的育儿政策中，应对我们对孩子的爱的这种巨大特定性呢？这对公共政策又意味着什么？

学习的悖论

　　第二个悖论与孩子向成人学习的方式有关。在一个学校教育决定成功的世界里，很多教养方式都侧重于让孩子学得更多、更好、更快。教养模式也是大部分教育的默认模式，即成人把孩子应该知道的东西教给他们，并由此塑造他们的想法和行为。如前所述，这个想法看起来好像理所当然，但并不符合科学道理和历史规律。

　　这里的第一种紧张关系是玩耍和工作。 事实上，孩子是通过玩耍来学习的。但他们是如何做的？为什么要这样做？根据定义，玩耍是一种自发的行为，并不是为了完成任何事情而设计的。然而玩耍在童年时期的无所不在，表明它一定有着某种特殊功能。

尽管几乎每个人都认为孩子应该有玩耍的时间，但是当我们开始规划孩子的生活时，玩耍时间是最先被舍弃的。休息被阅读训练取代，壁球和跳房子也让位给了足球训练。教养模式意味着孩子有一张列满了应该要做的一长串活动的清单。从外语到奥数再到升学考试（SAT），孩子已经没有多少时间剩下来玩了。我们对此感到不满，但又不知道该怎么做。

传统的道德和政治制度都是关于人类严肃而认真的工作的，它们规定了个人和社会应该如何思考、规划和行动，以实现其他目标。但孩子和童年都是关于玩耍的。为什么孩子会玩耍？我们应该如何重视玩耍？而且不仅是从个人的角度，也从道德和政治的角度来加以重视呢？

正如孩子必须从最具依赖性的生物转变成最具自主性的生物一样，他们也必须从以玩耍为主的人转变为以工作为主的人。这一转变需要孩子的大脑和心智发生深刻的变化。家长、看护者和教师在对这种转变进行管理时，必须既保留玩耍的益处，又能使孩子从工作中获益。学校是我们用来管理这一转变的主要机构，但它可以说在这两个方面都做得很糟糕。那么，它有没有可能做得更好呢？

第二种紧张关系是传承和创新。21世纪的屏幕与书籍大战，只是这场长期战争中的最新战役。我们人类一直在守旧和创新之间纠结。这一紧张关系由来已久，它不仅是人类技术文化的一个特征，也是人类进化机制的一部分。孩子由于其本质特点，一直处于这场战争的前线。

许多道德观点和政治观点，特别是古典、保守的观点，都强调保留传统和历史的重要性。继续过去的文化认同，将自己置于传统之中，是一种令人满足的深层人性。当照顾者养育婴儿时，就是在传承传统。

同时，童年的基本功能之一是允许创新和改变。而自相矛盾的是，如果过去的人类没有创新，就没有任何文化和传统可以传承。没有新事件就不会有历史。孩子们在青春期到来之前就会发明穿衣、跳舞、谈话，甚至思考的新方式。我们该如何重视并传承自己的文化和传统，同时又能让孩子们创造出全新的东西呢？

科学研究了爱与学习的这些悖论，我将概述新的科学研究，以帮助我们理解爱和学习的工作机制。进化生物学研究正在揭开我们对孩子的爱的起源，以及依赖和独立、特殊性和普遍性在这种爱中所表现的方式。

在认知科学中，有一些研究学习的新方法。关于孩子如何从照顾者身上学习，也有了一些新的研究成果。研究发现，即使是婴儿和年幼的孩子，也对社会规范和传统十分敏感，并能很快地从照顾者那里接受它们。

但同样，过去几年还有一个重大发现，即使是非常年幼的孩子也可以想象新的可能性，并思考他们自己或周围世界的存在还有什么可能的新方式。这些新的研究实际上展示并解释了玩耍是如何帮助学习的。

在发育神经科学的研究中，我们开始了解年轻大脑与年老大脑的差异，也开始了解在神经层面上，人类早期基于玩耍的学习是如何转变为后来以目标为导向的集中计划性学习的。而所有这些科学研究都指向了同一个结论。

童年天然就是一个极具可变性、可能性且充满了探索、创新、学习和想象的时期。尤其是人类的童年那么漫长，就更加如此。但是，我们卓越的学习和想象能力也是有代价的。在探索和运用、学习和规划、想象和行动之间，处处存在着权衡。

进化对这种权衡的解决方案是，照顾者，也就是那些确保每一个人类小宝宝（不管孩子有多脆弱）都能够茁壮成长、学习和想象的人，不仅传递了前几代人积累的知识，还能为每个孩子提供创造新知识的机会。这些照顾者当然包括父母，但也可以包括祖父母、叔伯、朋友等其他人。人类照顾者必须妥善保护每个孩子，并在孩子成年时对他们放手；人类照顾者必须允许孩子玩耍，同时还要引导孩子做事；人类照顾者必须传承传统，同时还要鼓励孩子创新。养育的矛盾就是在这种基本生物学事实的背景下产生的。

童年是一个天然探索期

我不会为这些悖论提出一个简单的解决方案，也不会对由此产生的个人和政策困境提出简单的解决办法。对于从极端依赖转变为同等极端的独立，这个成长的过程根本不存在一种简单的解决方法。虽然我们只爱自己的这个孩子，但在做出政策上的决定时，仍然需要考虑全体孩子，因而这两者间的紧张关系也是无解的。没有什么简单的算法可以衡量工作和玩耍的价值孰轻孰重，或者传承和创新的价值孰大孰小。

但至少我们可以尽可能地认识到这些悖论，并承认它们远远超出了通常教养所讨论的范围。我们需要超越仅仅是讨论一种教养方法是否会有好的或坏的结果，而从更普遍、更全面的角度来看，以更抽象的方式来思考童年，这样做可以帮助我们在讨论父母和孩子的问题时更加细致、周全、系统，而不会因过于简单化或是将二者割裂开的思考方式而走弯路。

不过，即使我们无法解决这些悖论，也仍然存在一种处理悖论的好办法。我们不仅应该认识到，父母与孩子之间是一种关系，还要认识到，这种关系不同于任何其他关系。我们需要认识到，照顾孩子与其他任何通常模式的人类活动都不同。养育孩子是一项特殊的工作，它需要并值得拥有自己的科学和个人视角，以及自己的一套政治和经济体制。

事实上，照顾孩子的独特例子可能也有助于我们解决其他道德和政治难题。依赖与独立、特定性与普遍性、工作与玩耍、传承与创新之间的紧张关系在儿童时期最为明显，但它们在成人身上也顽固地存在着。这些紧张关系影响着我们如何理解从堕胎到老龄化再到艺术的一切，而我们从了解孩子中获得的智慧，也能帮助我们解决成人的问题。

我们可以用一种新的方式来思考养育孩子的问题，以避免内疚与不作为、育儿实操手册与个人故事等给你带来的困境，这些东西构成了当前孩子和父母问题讨论的大部分内容。我们可以认识到，孩子与关心他们的人之间的关系，是所有人际关系中最重要也是最独特的。

好父母的重新定义：成为园丁

要理解我们与孩子的特殊关系，也许最好借用一个古老的比喻。照顾孩子就像照顾花园，做父母就像做一个园丁。

在现代的教养模式中，父母就像一个木匠。你要注意你正在使用的材料种类，这可能会对你要做的事情有所影响。但基本上，你的工作是将这些材料塑造成最终产品，以符合你的最初计划。你可以通过查看完成的产品来评估你所做的工作有多好。这是门吗？这把椅子牢固吗？混乱和变异是木匠的敌人，精确和控制力是他的盟友。你要精心测量、果断下手。

而当我们照顾花园时，我们为植物创造了一个受保护的培育空间。这需要大汗淋漓地努力付出，疲于耕地、辛苦施肥。正如任何园丁都知道的，特定计划总是会失败。罂粟长成了霓虹橙色而不是淡粉色，玫瑰没有顽强地爬上离地面不到半米高的栏杆，黑斑、锈迹和蚜虫永远也除不掉。

然而可以得到的补偿是，我们最大的园艺胜利和欢乐正来自花园逃离我们的控制之后发生的事：当白色的鹤虱草花意外地出现在黑色紫杉树前方的恰当位置，当被遗忘的水仙跑到了花园的另一边，在蓝色的勿忘草丛中怒放，当那些本来应该牢牢固定在树荫下的葡萄藤在树丛中长成红色的风暴……

事实上，从更深的层次上说，这种"事故"正是优秀园艺工作的标志。不可否认，某些园艺工作的目标是一种特定的结果，如种植温室兰花或培育盆景树。这种园艺工作需要专业的知识和技能，就像精细的木工活儿那样令人钦佩。被美国人称为"直升机父母"的那种焦虑的中产阶级养育方式，在英国这个园丁之国，就叫"温室培养"。

但我们要考虑的是创造一片草地、树篱或村舍花园。混乱是草地的荣耀，不同种类的花草可能会随着环境的变化而荣枯交替，没有哪一株植物能保证会成为最高、最美或最常盛不衰的那一株。优秀的园丁致力于创造肥沃的土壤，以涵养整个生态系统，其中不同的植物具有不同的优势和美丽，同时也具有不同的弱点和生长困难。和一把好椅子不一样的是，一座好的花园会不断变化，因为它在适应不断变化的天气和季节环境。从长远来看，在这种多变、灵活、复杂、动态的系统中成长的植物将比最精心照料的温室花朵更加强健，适应性也更强。

好父母不一定会把孩子变成聪明、快乐或成功的成年人，但可以打造出强健、具有高适应性和韧性的新一代人，以更好地应对未来将要面临的不可避免、不可预测的变化。

园艺是危险的，甚至经常令人心碎。每个园丁都体验过最有希望长好的幼苗意外枯萎的痛苦。唯一不存在这种风险、没有经历过这种痛苦的花园，是由塑料花和尼龙草皮制成的。

伊甸园的故事是一个关于童年的好寓言。我们起初是天真的孩子，生活在充满爱与关怀的伊甸园里，伊甸园如此丰富、稳定，我们甚至都不知道蕴含其中的那些工作和想法。当我们长成青少年时，就进入了一个知识和责任的经验世界，这个世界同时充满了秋天的劳动和痛苦，包括将下一代孩子带入世界的劳动和痛苦。这两个阶段无论缺了哪一个，我们的人生都不完整。无论是伊甸园还是秋天，无论是天真还是经验。

虽然孩子们经常认为父母是全能的、无所不知的，但作为父母，我们都不无痛苦地知道，自己完全没有类似"神"的权力和权威。尽管如此，无论是亲生父母还是关心孩子的每个人，都是人类故事中最令人动容的那一部分的见证人和主角，这使得成为父母本身就充满意义。

因此，我们作为父母的工作并不是要创造一种特定的孩子。相反，我们是要提供一个充满爱且安全、稳定的保护空间，让充满无限可能的孩子都可以蓬勃发展。我们的工作不是塑造孩子的思想，而是让这些思想去探索世界的所有可能；我们的工作不是告诉孩子该如何玩，而是给他们玩具，然后在孩子玩完后再把玩具捡起来。我们不能逼孩子学习，但可以让他们自己学习。

THE GARDENER AND THE CARPENTER

01

"教养"
是一种糟糕的
现代发明

I'm afraid the parenting advice to come out of developmental psychology is very boring: pay attention to your kids and love them.

来自发展心理学的育儿建议恐怕很无聊：
关注你的孩子，并爱他们。

20世纪后期，一件前所未有的事情出现在父母和孩子的身上：教养[1]。

自从世界上有了动物，就有了母兽、父兽和它们的孩子。自从有了智人，人类的父母就在养育孩子。"父亲""母亲"这两个词和人类的语言一样古老。英文中的Parent（父母）一词最早可以追溯到14世纪。但是，现在随处可见的Parenting（教养）一词，其实直到1958年才在美国出现，到了20世纪70年代末期才开始流行。

为什么人们会开始讨论教养？在20世纪的美国，一系列显著的社会变化大大改变了为人父母的方式，特别是成为父母的过程：家庭规模变小、地域流动性增大、初胎年龄推迟……这些都让新手爸妈的学习路径与过去截然不同。过去，人们在孩子众多的大家庭里长大，很多人在成为父母之前就帮家人抚养过孩子，经验丰富。他们还可以观察自己的父母、祖父母、叔伯阿姨和堂表兄弟姐妹们怎么带孩子，这样的机会数不胜数。这些传统资源让人们掌握了抚养孩子的专业知识，以及更为重要的育儿智慧和育儿能力。在漫长的历史长河中，人类一向如此。可惜的是，传统已被打破，多数父母不再拥有这样的学习资源。于是教养模式横空出世，填补了空白。讲述它的书籍、网站和专家拥趸甚众，影响甚广。

与时俱进的是，中产阶级父母也开始把越来越多的时间花在学习和工作上。绝大多数人会选择先忙碌若干年，再要孩子。他们自然而然地把在学业和工作中习得的模式套用到养育孩子上：为孩子设立明确的目标，并相信他们可以被教导得越来越好。

因此，教养模式的流行并不是偶然。但从科学的角度来审视就会发现，它并不合理。虽然亲子关系不可或缺，但父母的天职并不是塑造孩子的人生。

> 从进化的视角来看，成人和孩子的关系至关重要。学习、发明、创造乃至传统、文化、道德等人类独有的能力都在亲子关系中萌芽，这些能力是人类与其他物种最大的区别。可以说，是亲子关系让我们成为真正的人类。

然而，这一关系绝不等同于"教养"。父母或其他抚养者的职责是为下一代提供安全的环境，让他们可以无所顾忌地提出前所未有的想法，做出意料之外的行动。这既是进化生物学所揭示的图景，也是我们儿童发展实验室经过实证研究得出的结论。

这并不是说父母或其他抚养者对孩子全无影响,相反,他们的影响深远且必要。为孩子提供安全、稳定的成长环境是一件非常重要的事,其困难也自不必说。养育孩子需要投注大量的时间、精力和注意力,其付出远远超过其他任何一种人际关系,哪怕对不太称职的父母来说,也是如此。举例来说,在我和丈夫的关系中,我每天早上跟他说早安,白天各自工作,晚上做饭,再聊上一两个小时的天。他对我也是这样,还承担了一项更艰巨的任务:打扫厨房。这些投入足以让我成为一名好妻子。试想,如果我的丈夫不仅仅是我口中的"宝贝",而是我真正的孩子,那我就犯下虐待儿童罪了。对孩子来说,抚养者不仅影响了他们的生命,如果没有抚养者,他们连生命都无法延续。

在此之上,教养理论声称,父母行为的每项差别都会定向影响孩子今后的性格。是和孩子分床睡还是一起睡?是让孩子尽情哭闹到睡着,还是抱着他们安抚?是让孩子写作业,还是让他们尽情玩耍?每一种做法都对应着孩子长大后不同的脾气秉性。但我们并没有在实证研究中发现稳定、可预测的长期关联能够证实这一理论。教养实在是徒劳。[2]

当然,科学不一定重要。抛弃或修改祖先的传承正是人类进化的核心能力。我们不能因为教养是新出现的文化现象,就认为它不可能有益,也不可能有效。哪怕一项尝试很难,甚至收效甚微,或许也值得努力去做。民主就是近代文化的发明,它已经成为最有效的政治形式之一。离婚率的升高也并未让我们怀疑婚姻,至少没有全盘否定。我们应该基于"是否有助于人类发展"这一原则,对教养给予公正的评判。

可惜的是,教养确实是一项糟糕的发明。它不仅没有改善孩子和家长的生活，还在某些方面让生活变得更糟了。对中产阶级家长来说，"让孩子变成有用的人"的努力给他们带来了无穷的焦虑、自责和挫败感；对孩子来讲，父母无尽的期望投下了朵朵压抑的乌云。

掌握教养技能的压力给中产阶级父母带来了巨大的消费，他们在教养建议和装备[3]上花了数十亿美元。但是，与其他发达国家相比，美国的社会机构为孩子提供的支持最少，这些机构也正是教养理念的提出者与核心倡导者。无数讲述教养的图书被售出，但美国的婴儿死亡率[4]和儿童贫困率却在发达国家中居于榜首。

饮食界也发生了类似的故事。迈克尔·波伦（Michael Pollan）[5]将其称为"杂食动物的两难困境"。在过去，我们和老一辈人一起做饭，从中学会如何饮食。妈妈会做比萨、派和猪肉条，所以我们会吃这些食物。妈妈这么做饭，所以我们也这么做饭。每家人烹饪的方式都不一样，但我们都很健康。20 世纪以来，美国中产阶级的烹饪传统逐渐消亡，取而代之的是"营养学"和"健康饮食"。

这个过程跟教养模式的兴起非常相似：处方代替了传统。过去靠经验行事，如今靠专业行事。哲学家路德维希·维特根斯坦口中的"生活方式"，或者说单纯的"存在"，如今变成了一种工作。天然流露的爱抚变成了精心准备的计划。

进化学家声称，烹饪对于人类生存的意义[6]不亚于把孩子养大。然而在节食这个问题上，无论是从进化的角度考虑还是从科学研究的结果来看，控制饮食对健康的影响都微乎其微。在节食风尚和营养建议风靡一时的同时，肥胖率却呈爆发式上升。

烹饪和养育所面临的根本悖论十分相似，它们都是人类特有的核心行为，对物种延续起到了决定性作用。但是，我们越是刻意控制饮食，就越不健康；越想让孩子拥有快乐和成功的未来，孩子就越不快乐。

讲述养育和健康饮食的书籍越多，就越显得它们毫无作用。如果有一本书管用了，其他书自然就不会出现。在饮食界，个体目标和公共政策之间隔着一道鸿沟；在养育界，两者之间简直有着天壤之别。最注重饮食健康的社会，肥胖率最高[7]；最看重养育的社会，儿童贫困率反而高居榜首。

当问题已经出炉，就没法把它塞回去了。传统一旦被打破，就无法轻易修复。我们无法再像祖辈一样，随心所欲地育儿、烹饪，而且也不应该如此。作为祖母，我觉得电动吸奶器是个伟大的发明，妈妈们可以用它泵出母乳，装瓶冷冻。地域流动性、多元性和丰富的选择毋庸置疑都是好的社会变迁。同样，我决不愿意放弃寿司、墨西哥玉米饼和冰冻酸奶，转而天天吃我祖母煮的熟过头的鸡胸肉和意大利面，更不愿像冰川纪更新世时期的祖先那样，以植物的根茎和浆果为食。我不想仅仅因为过去的女人不能当科学家，就放弃今天的事业。

混乱是童年的主旋律

如果养育的细节并不能决定孩子的未来，那我们为什么还要投入这么多的时间、精力、感情和金钱来抚养孩子？为什么要开始这段苛刻费力、困难无比而又前途未知的关系？

这既是个人命题，也是对进化学和科学提出的问题。我们可以简单地说，是进化让我们育儿。人类的基因需要自我复制和延续。那么问题来了，为什么人类不能像很多动物那样,出生后很快就能自己照顾自己?为什么人类的孩子需要那么多的关爱?如果抚育不能带来可预测的改变,为什么还要这么做?

"无序"是解答这一切问题的钥匙,也是本书的核心科学论点。无可辩驳,混乱是孩子生活的主旋律。无论为人父母能获得什么奖赏,整洁肯定不在其列。当我深陷无休止的科研基金申请时,我曾经好奇过,是否可以申请军事资源来"镇压"婴幼儿带来的一地鸡毛。如果让一支部队去对付一个婴儿,他们肯定花一上午都走不出屋子,更谈不上发动"战争"了。

科学家给混乱起了很多别名:可变性、随机性、噪声、熵。远在古希腊时代,理性主义哲学家就把无序看作知识、进步和文明的死敌。但19世纪的浪漫主义者却把它视为自由、创新和创造力的源泉。浪漫主义者同样歌颂童年,对他们来说,儿童是混乱美德的典范。

近代科学为浪漫主义者提供了依据。无论是对大脑、婴儿、机器人还是对科学家来说,混乱都有其价值。一个可以变化和演进的系统,哪怕是随机演变,都可以更加智慧、灵活地适应变化中的世界。

自然选择是最好的例子,随机突变带来了适应性。生物学家尤其醉心于研究"可进化性"(evolvability)[8]这个概念:部分有机体可能更容易产生新性状。经过自然选择后,这些性状或被发扬光大,或被彻底淘汰。部分证据表明,可进化性本身也可以被进化。有些物种可能是在演进过程中逐渐获得了能产生更多不同个体的能力。

例如,诱发莱姆病[9]的细菌就很擅长繁殖出具有抗药性的新变体。如果我们用多种新抗生素去对付这种细菌，它们就会变得更容易变异。新变体不一定能应对当前这种抗生素，但说不定能应对以后的抗生素。这种变异特性提高了细菌在应对新品种抗生素时的生存概率。

同样，人类也会生出特点各异的孩子。他们的性格、能力、强项、弱点、智力水平、技能禀赋各不相同，千变万化，无法预测。这让我们像莱姆病致病菌一样，在可进化性上具备优势，从而得以适应千奇百怪、不断更迭的文化和自然环境。

以冒险精神[10]来说，我们都知道，从很小的时候起，就能看出有些孩子胆大，有些孩子胆小。我的大儿子阿列克谢总是喜欢爬到攀爬架的最顶端，但他每次上去之前都会先确定自己能下来；二儿子尼古拉斯则是头也不回地往上爬，才不管之后的事儿呢。我小时候呢？连上到高处都不敢，无论如何都坚决不上去。

如果家里有个喜欢冒险的小孩，家长总会提心吊胆。如果喜欢冒险的人真的容易遇险，为什么这个性格特质没有被自然选择早早淘汰？反之，如果冒险的好处更大，为什么胆小的孩子并没有消失？

若生活一切安好，那"安全第一"的保守策略当然更容易成功；但当风暴来临之时，冒险精神便变得重要，到那时，过去赖以生存的策略都不再管用。当然，最无法预测的是，变化到底会不会来临。

因此，如果我们身边既有胆小者，又有冒险家，那每个人的生存概率都会提高。世事安稳时，保守派们可以确保冒险家安然度日；当变革来临时，大胆开拓、锐意创新的人可以把收获的果实分享给胆怯的同伴。

还记得我家那个总是径直爬到架子顶上的尼古拉斯吗？他后来成了一名非常成功的投资人，动辄要做关乎几百万美元的决定，我哪怕想想这些都会感到焦虑。我的养育目标肯定不是让孩子长大后过着充满动荡和风险的生活，但尼古拉斯的日子就是如此。

让我们再看看另一个例子。在过去，狩猎是人类生活的重要组成部分，打猎时，[11]人类需要分散注意力，同时关注很多事情，并对任何细微变化保持敏感。你可能觉得，既然狩猎曾经决定了人类的生死存亡，那每个人都应该具备上述特性。如果一个人一次只能注意到一件事情，对其他事情全都充耳不闻，那他对人类这个物种就不太有价值。

然而，时代在变化。如今，专注的人显得特别宝贵。当上学取代狩猎而成为主流的生活方式时，注意力集中便成了优势，注意力分散的孩子反而很难适应社会。

年轻的大脑天生就要探索

"可进化性"对物种的具体作用方式仍有争议。我们需要做大量的科学研究，才能弄明白环境变迁是如何影响随机突变的。无论如何，毋庸置疑的是，学习和文化让人类可以自我进化，无须一味等待自然选择，这大大加快了我们的进化速度。

人类不是被动等待自然选择将其变成适应环境的，而是通过尝试用不同的方式来描述世界、建立不同的理论，并对观测数据进行对比，排除出格的，留下吻合的。用哲学家卡尔·波普尔（Karl Popper）[12]的话来说，科学让想法替我们试错。

文化变迁也是一样。既然我们可以描绘不同的世界，就可以尝试建立不同的世界。我们既可以运用新工具、新科技，也可以采用新的政治与社会理念，包括法律、制度和习俗，并观察哪一种可以帮助人类蓬勃发展。

> 人类的发展策略有两步：先随机生成多种可能性，再保留可行的选项。这一策略很成功。需要指出的是，我们并不会完全淘汰失败的选项，相反，我们会把它们储备起来，为新环境和新问题做准备。

上述策略有一个弱点。父母都知道，混乱和高效是矛盾的。不然，为什么收拾孩子身后的一片狼藉会让人心力交瘁？要么给未来生成更多可能性，要么现在就有敏捷高效的系统，两者之间必有取舍。计算机科学家和神经科学家把这称为"探索和运用之间的张力"[13]。

无论是探索新理论、新科技、新性格还是新文化，都可以带来创新。在环境发生变动时，它能让人拥有不同的选择。但是，在当下迅速行动也是必要的。这时，探索无济于事。没人会在面对一头咆哮的乳齿象时把所有的逃跑方式都先思考一遍，伟大的将军和决策者也不会把所有的解决方案都详尽地考虑过，再选出绝对的最优解。他们往往会挑一个还不错的方案，自信而坚决地执行到底。哪怕是像我这样深陷选择困难症的科学家，也需要在所有可能的实验中做出选择，挑一个进行到底。

交替地进行探索和运用是一个解决办法。[14] 先探索再运用的策略非常有效。我们可以先随机生成好多选项，再全神贯注于管用的那一个。

问题在于，哪怕在探索时，也要保证生存。一个人不可能一边抵抗乳齿象的进攻，一边思考弹弓和长矛哪个更有用，更不可能先花点儿时间学习它们的使用方法。

人类对这个问题的答案是："找爸爸妈妈！"

> **受保护的儿童期是解决"探索／运用"困境的方案。儿童期的探索是为了成年后的运用。童年和养育是硬币的两面：没有养育，就没有儿童。如果孩子拥有一个受保护的、需求可以被持续且无条件满足的幼儿时期，他们就获得了混乱、变化和探索的空间。**

无疑，人类是最喜欢探索的物种，我们可以极致地适应生存环境。人类永远都在流浪，现在是，未来也是。从一个环境游荡到另一个环境，发现什么问题就解决什么问题。森林、草原、北极荒野、撒哈拉沙漠……任何地方都有人类在生活。而且和其他物种都不一样的是，我们还会自己创造新的环境，即使在太空中，也能看到点亮地球的城市灯光。想象力和创造力是人类成功的关键，我们需要设想成功探索和建设新家园的方式。

人类拥有一个非常漫长的童年，比其他任何物种都要长得多。这并不是巧合，漫长的童年为我们提供了探索的良机。

如果孩子的天职是探索，那他们自然就会比成年人更加混乱。最新的科学研究发现，孩子的混乱天性为人类的可进化性做出了特有的贡献。在孩童时期，人类变化和探索的能力都达到了顶峰。

幼儿多姿多彩的性格就是最好的例子。孩子们的不同个性源于基因的细微差异，以及基因和幼儿经历的相互影响。有些特性本身就和基因有关，比如胆子大小，以及其他种种早期优势和劣势、敏感性与适应性。[15]更进一步讲，不同基因和环境之间复杂的相互作用也会为性格带来丰富的变化。

园丁实验室
THE GARDENER AND THE CARPENTER

近年来，表观遗传学领域的进展令人振奋。基因对体貌和精神特征的影响十分复杂，就像蜿蜒曲折的十万八千里长征。其中，最重要的一段路叫作基因的表达。在童年时期，人的基因可以被启动或关闭，从而显著地影响成年后的性格。这一开关正是由成长环境决定的，哪怕是很小的因素，比如养育质量，都会起作用。如果小鼠在幼年时承受了压力，[16] 它们的特定基因的表达就会发生改变。孩子也是如此。总结起来就是，先天的基因特点和后天的不同经历共同决定了基因的表达。

不仅如此，遗传还会决定孩子是否容易受到环境的影响。有些孩子很皮实，[17] 在什么环境下都能茁壮成长，就像四处盛开的蒲公英；有些孩子则很敏感，他们在良好的环境下如鱼得水，在糟糕的环境下一塌糊涂。他们更像兰花，在精心照料下盛开，在无人理睬时凋零。

行为遗传学[18] 的研究者们试图揭开这背后的奥秘。他们分析了同卵和异卵双胞胎、兄弟姐妹、亲生孩子和收养孩子之间的异同，并和他们的父母进行了比较。其中双胞胎可以说是自然的对比实验。研究结果表明，并不能简单地把基因和环境区分开，先天禀赋和后天养育之间的互动很复杂，而且不可预测。

比如说，就像家长影响孩子一样，孩子也在影响着他们的父母。很多时候，表面上看起来是基因的差异，实际上是基因影响环境后的结果。如果你家老大比较胆小，老二喜欢冒险，你可能就会有意无意地用截然不同的方式对待他们。这种养育方式上的不同又会不断放大先天的差异。

最令人印象深刻的发现是"非共享环境"（nonshared environment）[19]。如果教养理论是正确的，那么共享绝大多数基因和同一对父母的兄弟姐妹就会和彼此非常相似。然而行为遗传学家发现，兄弟姐妹间的差别可能远远大于我们的想象。非共享环境指的正是在基因和共同经历之外，家庭给孩子带来的其他所有影响因素。养育是其中之一。这类因素还包括胎儿期的影响、后天的转变、大小排行，乃至事故、疾病这样的随机事件，连孩子对家长行为的解读都在其列。同样是把婴儿放到秋千上，爱冒险的孩子会兴高采烈，胆子小的孩子则会惊恐万分。

在行为遗传学中，非共享环境对孩子的成长有着出人意料的强烈影响。这意味着，哪怕是兄弟姐妹，长大后也会截然不同，并且无法预测他们之间的差别。这一系列的研究也说明，多样性和可变性是人类发展的基本规律。

在儿童学习的研究中，我们也看到了类似的早期可变性。孩子们对世界的运作方式总是有一箩筐的想法，他们经常在这些不同的想法之间跳来跳去。如果你拿同样的问题反复去问一个还没上学的孩子，很可能每次得到的答案都不一样。起初，这种明显的随机变化让皮亚杰等儿童心理学家认为孩子是非理性的，毕竟，随时改变答案的做法听起来可并不理性。但近期的研究表明[20]，这可能正解释了为什么孩子如此擅长学习。

发育中的大脑就可以说明这一点。稚嫩的大脑比成熟的大脑更加可塑，它们会生成更多的神经连接，也更加灵活。事实上，一岁孩子大脑中的神经元连接数目是我们成人大脑的两倍。不止于此，年轻的大脑还拥有更多连接的可能。这些连接很弱，已有的连接可以根据新的经历更迅速、更容易地发生改变。因此，年轻的大脑可以毫不费力地随着环境的变化而改变。

在成长过程中，[21] 常用的神经连接会变得灵活高效，并能横跨更远的距离。不用的神经连接会被"修剪"掉，从而消失。成熟大脑的灵活性低，神经连接从曲折狭窄的小径变成了笔直的长途信息高速公路。成人的大脑仍能改变，但大多发生在压力之下，并且要付出努力和注意力。

总之，年轻的大脑天生就要探索，成熟的大脑则负责运用。

父母的爱让孩子的智力发展成为可能

每一代孩子都是一束"噪声"加一剂"混乱"，他们撼动着上一代人固化的模式，带来新的可能性。这意味着，为人父母有着全新的意义。它和所谓的"教养"一样困难，但它们截然不同。

无论孩子们拥有什么样的性格特点，是胆大还是胆怯，是注意力集中还是注意力分散，是蒲公英还是兰花，我们都会无条件地爱他们，尽己所能去抚养他们。这为多样性创造了条件。

这种爱也让"无序"的智力发展成为可能。孩子们可以尽情探索，不急着运用，并让不同的想法代替他们去试错。如果孩子是波普尔笔下的科学家，我们就是高校和资助机构。通过我们，孩子拥有了我们想也想不到的资源、工具和基础设施，并会用它们去解决问题。同样，就像做基础研究一样，当我们支持数以千计的不同项目时，结果会比孤注一掷要好很多。

我们可以为孩子提供实际意义和比喻意义上的探索空间。教养模式的兴起伴随着街道、公共游乐场和邻里社区的衰亡。在步入教养时代前，牙牙学语的孩子可以探索他每天成长的环境，无论是村庄还是农场、工作坊还是厨房。现在，美国中产阶级孩子的日常生活已经被提前安排好，贫困孩子则被困在更狭窄的环境里。可笑的是，在一个越来越提倡创新的社会里，我们为孩子提供的可以无拘无束探索的机会却越来越少了。

综上，养育者的工作不仅是为孩子提供一个受保护的空间，让他们探索、学习，并搞得一团糟，也要引导孩子从无序的探索转向有序，让他们拥有崭新的属于成人的能力：一套全新的控制系统。只是，我们无法准确预测这套新的系统是什么。这就是人类代代"重启"的全部含义。

THE
GARDENER
AND

THE
CARPENTER

THE
GARDENER
AND

THE
CARPENTER

02

童年，
人类进化的
关键策略

Childhood is a special period of protected immaturity. It gives the young breathing time to master the things they will need to know in order to survive as adults.

童年是一个受保护的特殊时期,
它给孩子喘息的时间,
以掌握他们今后作为成年人生存时所需的知识。

知道某物从何而来总能帮助你理解它。人类的进化史有助于解释我们的大脑和心智是如何工作的，就像它有助于解释我们的胃和骨骼是如何工作的一样。如果我们想加深自己对孩子和父母之间关系的理解，那么思考这些关系是如何进化的，也是一种方法。

关于人类的孩子和父母间的关系是如何进化的，我们都知道些什么呢？我们所知道的这些又对了解孩子和父母如今的思考和行为方式有什么启发呢？在这一章中，我将讨论大的进化图景，以及童年、爱和学习之间的联系。在下一章中，我将更详细地讨论这种联系是如何导向我们对孩子的那种特殊的爱的。这里将会出现的孩子和父母之间的关系模式与教养模式是非常不同的。

养育孩子比狩猎技能更重要

这个场景在数百部电影、教科书插图和自然历史博物馆的三维实景模型中都很常见：一群长着胡子的远古人类穿着兽皮、下巴突出，他们眉头紧锁、表情紧张地追踪着一只巨大的长毛猛犸象。突然，这头巨兽带着吓人的3米长象牙和蓬松的毛发，在瘦小而脆弱的猎人面前出现了。尽管人类体型微小，但他们很聪明，并且能团队作战。团队首领向几个人做了个手势，让他们跟在巨兽后面，朝巨兽扔石头过去，把它逼向一个勇猛的猎人，那个猎人勇敢地挥舞着长矛向它刺去，巨兽应声倒下。猎人们兴高采烈地切开巨兽、割下巨大的肋排，把它们拖回部落，分给其他人。

与这张原始狩猎图景中牙齿和爪子都染成了天然红色的景象形成鲜明对比的是，过去，我每周二下午都会带着一岁大的孙子奥吉去逛农贸市场，那里说不上平淡，却是宁静、祥和的。

奥吉有一双蓝色的大眼睛，纤细的金色卷发以及胖乎乎的粉红色脸颊，但他最吸引人的是那害羞的微笑，每当他忽闪着大眼睛谨慎、好奇地朝路人看时，就会露出那样的微笑。据他的叔叔们说，他是个非常迷人的小家伙。

在农贸市场，那些拎着购物篮的老妇人会站在婴儿车旁说："他太可爱了！"一个漂亮的小女孩蹲下来用母亲般的大嗓门对着奥吉说："哦，看看这个宝宝呀！"奥吉不仅能吸引女孩子的注意，就连做意大利面的师傅也朝他笑了，还给了他一块榛果樱桃脆饼吃。

我，作为他骄傲的祖母，一边托着奥吉的小屁股，一边指着向日葵说:"奥吉,你看这朵漂亮的花!"奥吉的反应是密切地关注这朵花,然后抓住它,大咬了一口,于是我尖叫起来:"不!奥吉,不可以吃!"然后给他尝了尝桃子和番茄的味道。奥吉一心要向我指出有趣的景物:"那个!""气球!""狗狗!"这只小狗名叫格雷茨基,在奥吉的生活中扮演重要角色,它是以加拿大杰出曲棍球运动员的名字命名的,以此纪念加拿大的传统。

我们在号称有机素食的冰沙摊前停了下来,奥吉热情地模仿着他的祖父,用木勺把冰沙舀到杯子里,尽管不是很有效。在角落里,一个年轻人正在拉大提琴,以此赚些零钱。奥吉坐着,目不转睛地注视着他拉琴的每一个动作;一个女人开始跳舞,奥吉就跟着节拍晃动,以完美的节奏摇晃着他那赤裸的小脚,配合着那个女人已过时的婴儿潮时期的布吉舞。

当我采购食物的时候,奥吉的祖父会用音乐吸引他的注意力。然后他的爸爸和叔叔都来了,他们把奥吉抛来抛去,这让他无比高兴。最后,我们都回家了,深爱他的妈妈照料着他,当兴奋的心情退去后,奥吉疲惫不堪,于是打了个盹儿。

值得注意的是,人类学最新的研究表明,这第二个场景实际上比我们熟悉的狩猎故事更能捕捉人类的进化史。这并不是说狩猎不重要,也不是说狩猎对人类独特的智力发展没有任何作用。但人类进化过程中最重要的变化很可能更多地与妈妈和孩子之间的关系有关,而不是男性和猛犸象之间的关系。

市场是我寻找水果和根茎类食物的地方,这很像我们早期的人类祖先外出采集食物,尽管不可否认的是,汽车和现金的出现让这个过程变得容易了很多。人类早期的许多认知优势都依赖于我们在"提取性觅食"[1]方面的技能。早期人类找到了巧妙的方法来破解潜在食物来源的天然防御，例如坚果的壳和木薯的苦味毒素，并将潜在的可食用物质与无法控制的有毒物质区分开来。最近的研究表明，这些技能对人类成功进化的贡献可能与狩猎一样重要，尽管在更新世时期，这些技能指的是从树木中提取美味的有机白蚁，而不是从回收的纸杯中提取美味的有机冰沙。与无助的年轻人分享食物很重要，但同样重要的是教会他们如何主动为自己觅食，如何分辨哪些果实和根茎可以食用，哪些应该避开。

榛果樱桃脆饼也说明了我们的烹饪过程：凿开坚果、提取谷物、研磨、保存，以及加工，这可以让像奥吉一样的孩子获得必需的能量，从而在婴儿期就长得圆润可爱。最近的研究表明，早期智人，可能还包括穴居人，就已经在研磨和烹饪淀粉了。[2] 在那时，带着脆饼回家，或者至少带着香蒲根茎回家，与现在买来培根带回家一样重要。

但是养育孩子是最重要的技能。农贸市场上的日常景象也反映了人类照顾孩子的方式有许多不同的方面。我们认为这些东西都是理所当然的，难道你还会和孩子一起做其他的什么吗？但是这些事在我们的进化史上扮演了重要的角色。

> 父母、祖父母、年长的孩子、过路者甚至宠物狗都和宝宝在一起，这是人类特有的现象。这也是一个事实，如此多的人共同承担照顾孩子的工作，这是一家互相合作的企业[3]，就像狩猎一头猛犸象一样具有挑战性。

祖母[4] 这个角色看起来可能特别古老，可能确实如此，但从进化的角度来看，她们是最近才被发明出来的。我们是唯一一种在自己不能再生育孩子的时候，还能继续生活、成长、照顾孩子的灵长类动物。

与其他灵长类动物相比，人类婴儿的发育异常缓慢，而且没有任何自我保护能力。在奥吉仍然需要被照顾的年龄，一个黑猩猩宝宝已经能够熟练地独自行走了。但是，人类婴儿似乎特别善于利用他们独特的魅力来吸引其他人的关注，并让其他人告诉他们需要知道的东西。即使是在很小的时候，奥吉也能理解别人的想法，他们看到了什么、想要什么。他把我的注意力吸引到他所看到的东西上，也会把注意力放在我所看到的东西上。他可以看出来：我认为吃桃子是个好主意，而吃向日葵则有些不妥。

人类的孩子也是非常有效的社会学习者。很明显，他们比任何其他动物都更能立刻观察和模仿他人使用的工具，比如奥吉就确信，如果把手放在大提琴的琴弓上，他就可以像用木勺舀冰沙一样演奏巴赫的作品。

用勺子舀冰沙是会产生实际结果的行动，不过人类还有许多共同的仪式，这些行动不会产生明显的实际结果，而且往往根本就没有结果，但它们在确定我们是谁以及建立团结方面仍然很重要。跳舞就是一个很好的例子。当我们与另一个人共舞时，我们会发现他们就像我们一样，我们就像他们一样，而对人类而言，无形的亲和力可能比任何直接的实际利益都更加重要。虽然奥吉只有一岁，但他已经习惯了手势和仪式，比如跳舞、采取行动和使用工具。

人类的孩子特别适合学习，[5] 尤其是向他人学习，而人类的成年人则特别适合照顾和教育他们。许多生物学家认为这些事实对我们进化的成功起到了重要作用。

要考证，不要假设

在进一步讨论之前，我们需要问一个关于人类心智进化的最重要的问题：如果人类在史前时代的起源已经不可考证了，那我们怎么可能知道我们是如何进化的呢？

生物学家有一些方法可以对进化史做出精确、可验证的断言。他们可以对许多密切相关的物种进行比较，看看某些特征是如何帮助它们适应和增加生存能力和繁殖能力的。生物学家可以证实在英格兰北部工业城市乌烟瘴气的环境中，黑色的斑点蛾如何战胜了白色的斑点蛾；他们可以对猫头鹰肚子里不同种类的老鼠的骨头进行计数，以确定哪些种类的老鼠最有可能被吃掉，哪些种类的老鼠更有可能存活下来；他们可以研究有更多红斑点的棘鱼是否比那些斑点较少的鱼更容易交配；他们还可以将一种新的基因注射到老鼠体内，观察它们的生长情况以及生存状况。

研究人类的心理学家做不到这些。人类是智人属中唯一幸存的物种，因此我们无法将自己与其他密切相关的近亲进行比较。我们无法比较剑齿虎肚子里的智人和尼安德特人的骨骼，也无法将新基因注射到婴儿的DNA中，并对结果进行检验。

还有一个问题。在很大程度上，人类是为了达到自己的目标而行动的。在我们的一生中，在几代人的一生中，我们都在这样做。我们学习，让事情发生，并努力让事情变得更好。

这意味着，每当我们想到一些人类特征的进化解释时，比如，女性会被年长的男性吸引，因为年长的男性会为自己的孩子提供更多的资源，但从学习和文化的角度考虑，总有另一种解释。女人可能会简单地学习到，年长的男性是很好的资源提供者，所以喜欢上他们是件好事。或者，她们可能只是采用了上几代得出这种结论的女性的智慧，或与其完全相反。文化的进化对人类行为的影响比对其他任何动物的影响都要大，这就增加了一层复杂性。

所有这些都导致了一种完全合理的批评，即进化心理学给出的解释，尤其是那些受欢迎的解释版本，都是"正是如此"的故事。你无法只用"这些行为可以帮助他们在更新世生存下来"的说法来解释人类的行为方式。

但是，对进化论和心理学做出更仔细、更科学的假设是可能的。我们确实有一些关于人类心理进化的真实证据，这些证据可以帮助解释人类养育孩子的原因。

人类也许没有近亲，但我们可以通过研究各种各样的物种和环境来找出其中的普遍原则。我们可以求助于物种之间的一般相关性，比如更长的童年和更大的大脑，或更需要照顾的孩子和一夫一妻制的父母关系之间的相关性。

在大量的研究中，我们可以利用直立人、能人、穴居人等与我们最接近的人类祖先的化石记录。他们的牙齿化石告诉我们，尼安德特儿童比奥吉更早地长出了成年人一样的牙齿。我们还可以研究祖先留下的文化碎片，例如斧头和赭石的碎片。早期人类会制造面粉的说法就来自新石器时代磨石上发现的谷物痕迹。

我们也可以把人类的行为与我们最亲近的灵长类动物类人猿进行比较，尽管我们一直很清楚，自从我们拥有共同的祖先以来，类人猿也经历了数百万年的进化。虽然黑猩猩可以向它们的长辈学习，但它们不能像奥吉那样做出那么精细的模仿。

我们还可以研究那些生活方式与人类祖先相似的人，比如非洲的昆人（Kung）、亚马孙河流域的阿奇人（Ache）。这些群体彼此之间非常不同，但是他们有一个共同的生活方式：依靠野生食物而不是农业为生。人类学家过去称他们为狩猎采集文化，但最近又改称他们为觅食文化，因为采集根茎和坚果等野生食物实际上比狩猎更重要。昆人和阿奇人的祖母在照顾孩子中起着重要的作用，这表明祖母在人类的进化中可能扮演了重要的角色。

我们可以在不同的假设下为进化的变化建立数学模型。例如，研究利他主义的行为，像是照顾别人的婴儿，从生物学上是如何出现在一群相互赖以生存的紧密联系的生物种群中的。我们还可以建立类似的文化进化模型。例如，研究一组手势，像是挥手致意，是如何从一代传到另一代时得以保留或被改变的。

我们再来看看人类儿童的发展。这为我们提供了一种方法，让我们得以追踪学习和文化的贡献，并解开它们是如何与人类进化遗产中的先天禀赋相互作用的。一岁的奥吉已经非常善于理解和模仿别人了，这说明这些是人类的基本能力。

每一种计算人类进化遗产的方法都有很多复杂和需要注意的地方。因此，关于人类进化起源的假说看起来总像是学术上的罗夏墨迹测验，也就不足为奇了。当你在一场进化心理学会议上听到激动的银发老教授们激烈地争辩说，小群体战争才是人类所有最重要事情的根源时，很难不笑出声。随着越来越多的女性参与到科学研究中来，我们认识到采集和狩猎一样重要，合作式育儿的复杂性就像政治竞争和欺骗一样有趣,这绝非巧合。

事实上,人类进化中有很多因素相互作用,我们不能指定说只有一种关键的适应性成就了智人。但是越来越多的人认为,生物学家对于人类的生命史以及发展进化方式的说法已发生改变,而这些改变是特别重要的。

童年越漫长,智力越发达

我们为什么要有孩子呢?其实我们都知道直接原因,但从进化的角度来看,婴儿从何而来? 童年是动物赖以生存的阶段,在这个阶段,动物需要依靠别人,尤其是依靠其父母来满足它们最基本的需求。婴儿似乎是无用的,甚至可能比无用更糟糕,因为成年人必须投入大量的时间和精力来维持他们的生命。

父母无私的利他主义有一个明显的解释,就是孩子继承了父母的基因。但这仍然是个谜。如果一个生物体有能力,也有生产下一代的潜力,为什么不让孩子一生下来就马上达到这个阶段呢?事实上,许多动物的童年都非常短暂,比如大多数的鱼,它们几乎一出生就完全发育成形,不需要父母的照料。为什么不是所有的动物都能这样呢?即使是最无私的父母有时也会问,我们为什么不能这样呢?

这是一个特别重要也非常令人困惑的问题,因为人类进化中一个不容置疑的观点是,人类的童年确实比其他动物漫长了很多。哺乳动物已经有了比无脊椎动物和鱼类更长的童年,[6]灵长类动物的童年也比其他大多数哺乳动物要长,但即使是我们的近亲黑猩猩和倭黑猩猩,[7]也比我们的童年要短得多。

黑猩猩在 3～4 个月大的时候就可以开始活动了,[8] 在 8～9 岁的时候就已经性成熟，在 10～11 岁时就有了第一个幼崽。人类，尤其是觅食者，在 18 岁左右才开始要孩子。总的来说，人类儿童的依赖性至少是黑猩猩幼崽的 1.5 倍。这还只是在觅食者的社会背景下，更不要说还要付房子首付的今天了。年幼的黑猩猩从 7 岁开始带回家的食物就跟它们吃掉的一样多了，觅食者的孩子直到 15 岁才能做到，就更不用提现在大学高昂的学费了。

我们也比其他灵长类动物活得更长。即使有了完善的医疗保障，黑猩猩的寿命也不会超过 50 岁，而人类觅食者可以活到 80 岁。人类女性不像其他任何雌性灵长类动物，整体而言她们的寿命超过了生育期，更年期是典型的人类特征,[9] 就好像整个人类的发展计划都被拉长了一样。

这种模式有一个有趣的例外。人类母亲通常比黑猩猩母亲给孩子断奶要早。甚至在觅食者的社会里，婴儿都会在两三岁断奶，而不是在四五岁。部分原因是，我们通常比其他灵长类动物生育频率更高，每 3 年就会生育孩子，而不是每 6 年。尽管如此，我们的宝宝在断奶后，仍然依赖别人的食物，回忆一下榛果樱桃脆饼。结果，我们实际上比灵长类的亲戚们拥有了更多、更需要被照顾的婴儿。

你可能听说过一个关于人类童年更长的原因，那就是从人类能直立行走开始，女性的骨盆就变小了，同时，人类的婴儿又必须有更大的脑袋来容纳所有的脑组织。为了让更大的脑袋通过更窄的产道，婴儿必须出生得更早。这可能是一部分原因，但这并不是问题的关键。童年期的延长不仅包括长时间的婴儿期，还包括长时间的童年中期和青春期。

事实是，随着人类的进化，童年变得越来越长了。像直立人这样的早期人类已经能够直立了，但是他们并没有像今天的人类那样拥有这么长的童年。甚至最近有证据表明，[10]尼安德特人的孩子比智人的孩子成熟得快。

这是为什么呢？拥有"生命史"、包括一段长时间的不成熟期[11]的物种往往具有其他特征。较长的不成熟期与较大的体型和较长的寿命有关。从逻辑上讲，不成熟期也与父母更多的照顾和投资有关。当婴儿还不成熟时，父母必须投入更多的资源来照顾他们。

童年较长的动物一次生育的孩子也比较少。我们想当然地认为每次怀孕通常只有一个孩子，但是，大多数哺乳动物每次都会生一窝幼崽。长时间的童年也与较高的生存率相关。鱼能产数千个卵，但只有少数能存活下来；灵长类动物和人类只生育少量的宝宝，但他们更有可能长至成年。当大多数婴儿都会长大成人时，你就可以放心地投入更多资源去支持他们。

最后，对人类来说也是最重要的是，不成熟与更大的大脑、更高的智力、更强的灵活性和学习能力密切相关。

甚至一些奇怪的生物也有这种关联，比如有袋类动物，像袋鼠和沙袋鼠，它们把幼崽放在育儿袋里而不是子宫里。以迷人的短尾矮袋鼠为例，这是一种小型猫科动物，生活在澳大利亚西部的几个岛屿上。你可以拿美国的弗吉尼亚负鼠和它比较一下，这两类动物的重量都差不多。但是，短尾矮袋鼠宝宝在妈妈育儿袋里生活的时间要长得多，而且它们的父母在照顾它们上投入了更多的时间和精力，而短尾矮袋鼠的大脑[12]要比弗吉尼亚负鼠大得多。

反映出这种关联性的典型动物是鸟类。鸟类学家很久以前就区分出了他们所谓的晚成性鸟类和早熟性鸟类。[13]早熟性的物种，如鸡、鹅和火鸡，能够迅速成熟并迅速独立于父母。它们不是很聪明，或者更确切地说，它们只是非常擅长做几件重要的事情，比如啄食谷粒，但不太擅长学习新技能。

相比之下，像乌鸦和鹦鹉这样的晚成性鸟类则特别聪明。乌鸦可以挥舞甚至创造工具，在某些方面甚至比黑猩猩还聪明。而乌鸦和鹦鹉要比鸡、鹅或火鸡需要更长的时间才能从父母那里独立出来。

有种特殊的乌鸦生活在澳大利亚东部一个叫作新喀里多尼亚的岛屿上。这种乌鸦非常聪明，[14] 它们不仅会使用工具，还会设计和制造工具。你可以在 YouTube 上找到许多关于它们的令人惊叹的视频。有一次，这些可爱动物的视频真的与科学家们在对照实验中看到的相吻合。它们利用当地一棵棕榈树的树枝，把枝干上的叶子去掉，留下带刺的边缘，然后把枝干修剪成挖掘工具。之后这些乌鸦把这个工具插进满是昆虫的树上，搅拌枝干，让昆虫粘在倒钩上，拿出来后，就可以享用美味的"白蚁烤肉串"了。

新喀里多尼亚乌鸦的不成熟期是很长的，[15] 它们依靠成年乌鸦喂食长达两年，这是鸟类一生中非常长的一段时间。如果你看一下乌鸦幼鸟的视频，就能很清楚地知道原因了。成年乌鸦惊人的技能依赖于长时间、痛苦和近乎滑稽的笨拙学习：年幼的乌鸦会把枝干丢在地上，把错误的一端放在嘴里，从错误的一端捡起。如果它们不得不依赖使用工具生存，那它们很快就会饿死。乌鸦父母则耐心地让幼鸟练习使用自己丢弃的树枝，同时不停地给它们喂食自己挖出来的昆虫。

由于动物生命历史中的许多不同特征往往是联系在一起的，所以我们很难确定其中的因果关系。例如，有可能是因为进化出更长的寿命或更大的体型对人类更有帮助，而婴儿更长的不成熟期正好跟着拉长了。

当然，进化的因果力量往往是双向的。与其他许多有用的计算设备一样，大脑也很昂贵。大脑消耗了大量的能量，但是一个容量更大的大脑有助于确保更多的物种成员存活下来，而这意味着你如果要负担起一个更大的大脑，就必须得负担起一个投入更多的漫长童年，这有助于你大脑的发育，道理以此类推。

在所有这些指标上，人类都处于极端。我们有更长的不成熟期，更大的相对脑容量，以及比任何其他生物都更强的学习能力。人类成年人在照顾孩子上投入了大量的时间和精力。

人类长时间的不成熟期可能反映了大脑发育所需的时间，但事情不太可能仅是这样的。从出生的那一刻起，人类的孩子就是一个特殊的学习者。我们会花更多的时间去规划我们的大脑，而不仅仅是让它们单纯地成长。

事实上，人类的大脑在生命的最初几年是最活跃、最饥饿的。[16] 即使是成年人，我们的大脑也会消耗大量的能量：当你只是坐着不动时，你身体里大约 20% 的热量会进入你的大脑。一岁大的孩子消耗的热量远不止这些，到 4 岁的时候，足足有 66% 的热量进入大脑，比其他任何发育时期都多。事实上，孩子的身体发育在童年早期就减慢了，这是为了弥补他们大脑的爆发性活动。

奥吉真的像是系列科幻剧《神秘博士》(Doctor Who) 中的角色：一个瘦弱的身体里居住着一个巨大的饥饿的大脑，很擅长将其他人催眠，让他们满足他的每一个需要。

人类所有的这些特征：大容量的大脑、长时间的童年、父母更多的投入,似乎都是在我们的进化史上同步发展起来的。

乌鸦幼鸟的视频可以解释原因。依赖学习的问题在于你需要有时间去学习,而当你发展你需要的技能时,你可能会显得很脆弱。我们都知道,我们会从失败、错误、误判、风险和实验中学习。但是失败会让你暴露在风险之中。你不想当老虎向你扑过来的时候才被动地学习应对的办法。就此而言,你不想在宝宝哭闹不止的时候才不得不学习如何安抚一个可怜的宝宝,一个伤心欲绝的婴儿看起来甚至比一只猛虎还要可怕。

如果你事先弄清楚怎么办就好了。如果其他有能力的人在你工作的时候照顾你,那就更好了。如果照顾你的人也能帮你解决问题,那就再好不过了。如果你能把自己的智慧和前人的见解结合起来,那将是最好的。这似乎是人类的解决方案。

童年是用来学习的,这就是孩子被赋予的使命,这就是为什么成年人和孩子有着如此特殊的关系。但孩子的学习远不只是听父母说什么或者做父母想让他们做的事。

人类的学习能力在反馈循环中代代更迭

人类这种经过特殊进化的学习能力是怎样的呢?在过去,进化心理学家经常谈论特定的、先天的"模块",即为达到特定目的而进化的特殊认知技能。心理学家经常把大脑描述成瑞士军刀,是一种用特殊装置来解决特定问题的工具。最近,这种观点发生了转变。越来越多的理论家指出,这是一种范围很宽泛的学习演进[17]和文化传承。这些能力可以帮助我们发展出许多不同的、新颖的,而且通常是前所未有的认知技能。

进化理论家伊娃·雅布隆卡（Eva Jablonka）[18] 曾提出，人类的思维更像一只手，而非瑞士军刀。人类的手不是专门用来做一件事的，但它是一种非常灵活和有效的工具，可用于做很多事，包括我们可能从未想过的事。当我抱着奥吉的时候，他可以用一只手抓住我的肩膀，就像在他之前的几代灵长类动物宝宝那样，而他的另一只手则拿着我的 iPhone，这是前人从未有过的。人类孩子的心智与关心他的人的心智是同心协力运作的，这是人类已知宇宙中最灵活、最强大的学习工具。

在学习和文化传播方面[19] 的广泛变化可以导致许多领域出现全新的技能。早期的人类发明了更好的烹饪、觅食和狩猎、合作和竞争以及养育孩子的方法。学会更好地学习和传递已有的技能使人类在其他任何事情上都做得更好。

学习和文化传承也特别重要，因为它们允许，实际上应该是鼓励反馈循环。学习或教学能力上的微小变化会转化为我们言行和思考方式上的巨大变化。例如，想象一下学习使用新工具时的感觉。无论是木勺、大提琴、磨石还是婴儿背带，这种学习方式都包括观察别人如何使用工具，并了解工具所提供的新的可能性。

想象一下，有一批早期人类儿童比另一批儿童更擅长使用工具。这些孩子长大后会拥有越来越多更好的工具，一方面是因为他们能很快学会使用已经发明的工具，另一方面是因为他们能想出如何调整和改进这些工具。这些工具将帮助他们在狩猎、觅食、烹饪和养育孩子方面比那些不太擅长学习的孩子更成功。

现在再想想那些聪明孩子的后代。他们不仅会继承父母的敏捷，而且会比自己的父母拥有更多的工具去学习和改进。这一代人不只会像他们的祖父母那样善于使用工具，他们还会做得更好。这些技术会使下一代成为更有效的觅食者、猎人和养育者，他们有能力抚养更多的孩子，这些孩子则会花更长的时间去学习使用工具。

> 当每一代人将信息传递给下一代时，他们所能做的事情就会有质的进步。最初在社会学习上的微小差异会迅速扩大，最终在思想和生活上演变成巨大的差异。

不过，这里有一个有趣的附带前提条件。如果每一代都照搬上一代的做法，我们就永远不会取得任何进展。在某些时候，最好是在很多时候，新一代人必须创新，而其他人必须弄清楚，创新者才是应该追随的人。生物和文化的进化力量是如何最好地决定创新和模仿之间[20]的平衡关系的，这是一个棘手的问题，我们也刚刚开始着手了解。

这种新观点也揭示了人类进化中的一些核心难题。我们几乎所有的基因都与黑猩猩和倭黑猩猩相同，我们来自共同祖先的后代的基因变化比我们想象的要少得多。而智人在仅仅几十万年的时间里就出现了分化，这在进化史上是眨眼之间的事。不知何故，微小的基因差异导致了我们现在思考、行动和生活方式的巨大变化。

还有另一个谜题。从解剖学来看，有着和我们一样骨骼的现代人类，大约在20万年前就已出现。但从心理学角度来看，与我们一样的现代人类，指的是会埋葬死者、会描绘他们的洞穴、会用针线缝纫和投掷长矛、会化妆的人，直到5万年前左右才出现。

你可能会认为,这是因为发生了一些微妙的基因变化,就像瑞士军刀上出现了一些新玩意。但新的研究表明,情况可能并非如此。人类许多独特的文化创新,[21] 比如使用颜料和埋葬死者,在人类历史上确实出现得较早,但只是局部的和零星的。似乎直到 5 万年前,这些才成为一种普遍行为。

如果人类的进化,包括生物方面和文化方面的,都涉及我刚才描述的那种动态反馈循环,那么这两个难题都更有意义。小的变化可以导致大的差异,如果条件合适,这些变化可以"起飞",带来更实质的改变。

多样性是面对未知的利器

是什么引发了剧烈而迅速的变化,从而导致了人类的进化?我们在适应什么?我们所适应的变化,[22] 就是变化本身。

变化的第一个来源是气候。这指的不仅仅是天气变得更冷或更热,更湿或更干,相反,气候变得更加多变,更加难以预测,我们很难预测人类将面临怎样的天气,无论是我们这一代还是未来几代。早在人类引起气候变化之前,气候变化就已经影响了人类的进化。

变化的第二个来源是人类的游牧生活。很早之前,人类就开始了迁徙的生活。我们的亲戚类人猿仍然生活在它们最初进化的地方,但是人类的足迹则从森林开始,一直向外延伸到草原、冰原和沙漠,越过了海洋和高山。我们似乎生来就是旅行家,而这种游牧的策略意味着我们将不断地面对新的环境。

人类的社会环境也各不相同。一个优势是我们可以构建不同类型的社会组织以适应不同的环境。农业的发明彻底改变了人类的社会结构。人们开始待在一个地方，积累资源，而不是从一个地方迁移到另一个地方，并依靠当天寻觅到的食物来生活。这把拥有相同 DNA 的同一类人变成了几乎不同的物种。不久之后，我们开始从一种相对平等的小群体生活，转变成一种等级森严、权力极度不平等的城市生活。然后工业化又一次改变了我们的生活方式。

要如何应对这些可变性和变化？数学模型和常识表明，应该以可变性来应对可变性。

让每个孩子产生差异化，无论是他们的思考和发展方式，还是他们从别人那里学到的东西，才能让所有这些孩子都有更好的机会在环境发生变化时生存下来。因此，我们可以预期，孩子的性情和发展方式以及成人对待他们的行为，都会有大量明显的不同之处。

这么多不同的人负责照顾孩子的事实也确保了孩子们能够接触到各种各样的信息和模型。每个孩子的性情、能力和发展过程的多样性增加了复杂性和不确定性，而历史的可变性和变化会增加更多的复杂性。每一代人类都在成长，创造出一个与他们之前一代略有不同的世界。这是一个烂摊子，但这是个优质的烂摊子，这样的一团乱麻能让人类在不断变化的环境中茁壮成长。

对孩子精雕细刻终归是徒劳

到目前为止，从进化的角度来看，教养模式对父母和孩子来说并不是一个好方法，这一点应该是显而易见的。照顾孩子、养育他们并为他们投资，对人类的繁荣至关重要。明确或隐晦地教导孩子无疑是重要的，但是从进化的角度来看，试图有意识地将你的孩子塑造成某种特定的样子是徒劳的，也会产生很强的自我挫败感。

即使人类能够精确地塑造孩子的行为以适应自己的目标和理想，这样做也会产生反作用。我们不可能事先知道未来的孩子将面临怎样前所未有的挑战。以我们自己的样子或者当前理想中的样子来塑造他们，可能会使他们无法适应未来的变化。

你可能会回答："谁会关心进化的观点呢？"确实，即使孩子与父母之间的关系在更新世时起着特殊的作用，即使这种关系是我们作为一个物种取得成功的原因，我们也没有理由相信他们应该继续这样。我们对过去环境的许多适应，诸如我们对糖和动物脂肪的喜爱，在我们现在的环境中都没有帮助。

的确，我们不再面对以白蚁和猛犸象为主要蛋白质来源的环境，但是我们的核心适应能力，即适应改变本身，在现在比以往任何时候都更加重要。灵活地学习、适应新环境、改变社会结构，这些能力比以往任何时候都更重要。即使教养模式不是解决这些挑战的关键，但父母和孩子之间的关系仍然是关键。

THE GARDENER AND THE CARPENTER

03

爱,
持续进化的
保障

Being a caregiver who is a stable and reliable resource for learning is more valuable than being a caregiver who explicitly teaches.

成为一位稳定且可以提供可靠学习资源的照顾者要比成为一位直接教导式的照顾者更有价值。

如果照看孩子不是像教养理论中所说的是一项工作,而是一种爱,那么,这是一种什么样的爱呢?除了"我们爱孩子"这句陈词滥调,我们还能把它说得更具体一些吗?在这一章,我会论证人类对子女的爱是非常特殊的,它在令人惊讶的人类进化史中诞生,也进一步塑造了生活中其他爱的形态。

大约30年前,我写下了第一本书。在某一章的开头,我描绘了怀孕生子给我带来的如潮水般势不可当的经历:9个月的生理变化,与另一个生命共用身体的奇妙感受,以及生产时席卷一切如跑马拉松般的努力。我能感受到婴儿在产道中移动,这感受怪异又真实;我能感到大脑中涌动的狂喜,以及它释放出的种种化学物质。最终,我怀抱着温暖的小生命,他紧贴着我的身体。似乎,这种种唯有母亲才能体验的生理、情感与化学变化，塑造了舐犊之情。

然而，20年后，我又经历了另一段全然不同、在某些方面又更加特别的体验。2012年10月8日，当我第一次抱起刚刚出生的孙子奥吉时，我与前一天的我没有什么不一样。这一次，没有荷尔蒙的改变，没有胎动，没有身心巨变。但是，不久之后，熟悉的情感再次扑面而来。这是同一种爱，同样强烈，同样来得毫无防备。我感到自己可以为这个孩子付出生命。

我甚至可以说出自己体会到这种情感的准确时刻。奥吉两周大时的一个下午，我费尽心力地哄他入睡。拥抱、轻抚、摇晃……一系列尝试过后，他终于在我肩上趴着睡着了，梦里还在轻轻地抽泣。这一瞬间，我喉头发紧，感到这个无助的小生命是如此脆弱，又如此重要。我当然有无数抽象的理由支持我去爱这第一个孙子，但在成功哄他入睡的那一刻，这些理由都凝聚成了实实在在的爱，强大又直接。无须经历怀孕和生产，这种爱就可以产生。母亲之爱和祖母之爱的区别，就像青春期时的爱情和成年后的爱情一样。15岁时，先有欲望，后有爱情；55岁时，则是爱情带来了欲望。当我是个母亲时，是先体会到对孩子的感情，再抚养我的宝贝；当我成为祖母时，是责任和承诺催生了情感。

那么，母亲的身份和照顾孩子的冲动真的有联系吗？答案是肯定的。但正如我们即将看到的，催生母爱的生理因素往往被进化所用，让其他人也能对孩子产生同样的舐犊之情。人类的经验和文化也与进化一起，影响了这些生理因素。对人类而言，母爱只是孩子接受的诸多关爱之中的一种。这些关爱的深度和广度令人惊叹，唯有人类才会这样。从我写下当母亲的感受至今，许多进化人类学家都强调了这一点，如萨拉·赫尔迪（Sarah Hrdy）和克里斯滕·霍克斯（Kristen Hawkes）[1]。

人类关爱孩子的"三面手"把我们与灵长类近亲们区分开来。**第一种是配偶关系**[2]。恋人在深爱对方的同时，也深爱着他们共同的孩子，父母皆是如此。**第二种是祖母**[3]**这一角色**。绝经期后，人类女性往往还有数十年寿命，这让她们可以照顾孙辈。这一现象在灵长类动物中绝无仅有。**第三种被称为"异亲"**[4]。我们在照看自己的孩子之外，还会帮忙照顾别人的孩子。

所有这些特殊的关爱都跟人类幼儿超长的发育期和繁多的成长需求紧密相连。说不定，"三面手"正是对这些需求的部分回应。又或许，是发达的关爱网络纵容人类可以延长发育期。而最有可能的是两者互相促进，共同进化。每增加一点关爱，人类的大脑就可以多发育一点，这又让长成后的人类拥有了更多的智力资源，为下一代提供更深、更广的关爱。

对人类来讲，关爱的范围因此而显著地扩大了。对孩子的关爱也变成了人类互相关怀的一部分。正是相互合作照顾孩子的需求，让共同照顾孩子的人们联结在一起，彼此关心和爱护。这种集体投入有个不太浪漫的名字："合作养育"。利他主义与合作可能都是由此而来。

如上所述，也许是进化之手赋予了我们重视孩子的本能，让我们把帮助孩子成长设立为目标。但同样需要记住的是，人类拥有一项特殊的能力，即调整社会约定。或许是进化给了人类育儿的原动力，但我们可以通过各种手段，让这一目标以全新的方式得以实现。

人类历史上出现过很多种育儿方法，远远超过"三面手"的范畴，保姆和幼儿园都是很好的例子。我曾在立法机构为更好的儿童保育措施游说，也在校内极力争取过"家务假期"的制度。这些过程都少有温暖和快乐，愤慨和挫败感烩成一锅浓汤，与摇晃婴儿入睡时的感受截然不同。但是，无论我在做哪件事，都是缘于爱孩子的深刻信念。

爱的三面手 1：父母

父母的配偶关系是确保孩子得到照料的第一条纽带，也是最明显的一条。正如人性的任何一个侧面一样，这条纽带复杂、神秘又令人困惑。那么，进化史能如何帮助我们理解浪漫之爱，及其与父母之爱的关联呢？一夫一妻制到底是出于天性，还是后天习得？是源自生物本能的呼唤，还是人为的创造，全靠法律和习俗来维护？这个看似简单的问题，恐怕曾经出现在我们很多人的脑海里。问者充满好奇，或是为其饱受折磨。

或许你已经猜到了，进化给我们的答案是，这个问题很复杂。回答它的关键是如何理解一夫一妻制。[5]在动物界中，许多看起来全然不同的行为都被归到了这一术语之下。如果将它们与人类文化中制度化的典范相比，真是一团乱麻。

先来公布一个坏消息吧，当然，是好是坏还要取决于你的立场。没有任何一个物种在性行为上是单一配对的，天鹅也不例外。关于 DNA 的最新研究表明，几乎所有动物都有多个性伴侣。那么，好消息是（同样取决于你的立场），有一些物种会和交配对象共同生活，一起关爱幼崽。生物学家将其称为配偶关系。许多鸟类都是这样的，但这在哺乳动物中还很少见。在猿类中，只有长臂猿如此，剩下的就是人类了。

配偶关系下的行为多姿多彩。以鸟类为例，大到同住一巢，小到一起歌唱。配偶关系可能不会持续一生，但至少会持续一到两个交配季。对许多动物而言，它既可以发生在异性之间，也可以发生在同性之间。纽约中央公园的动物园里，就有一对著名的同性企鹅伴侣。

在人类文化中，我们关注的是单一配偶和多配偶背后的社会、制度与法律差异。但是，在生物学视角下，配偶的个数并不重要，关键在于是否拥有配偶，即个体是否会和某一个性伴侣长期居住在一起，互相照料，并共同养育后代。

与漫长的童年一样，配偶关系也是人类最突出的进化特征之一。在哺乳动物中，只有很少的几种动物和我们一样。灵长类动物[6]的性关系与社会化安排的千姿百态令人叹为观止。很多猴类，比如恒河猴，在性交上毫无限制，雄猴和雌猴会与任何一个对象随意交配。红毛猩猩大多是独行侠，未成年的雄性红毛猩猩和母亲住在一起，成年后便离去，寻找自己的独处之地，它们会在交配时离开领地，寻找同样独来独往的雌性红毛猩猩。黑猩猩的性关系和社会关系则非常易变，雌性黑猩猩从不同的族群中搬进搬出，和许多不同的雄性交配。倭黑猩猩利用性交来平息紧张气氛，结交盟友，自娱自乐，并以此而闻名，所有这些行为的目的都跟繁衍毫无关联。同性交配也是无所不在。大猩猩族群中，一只雄猩猩和许多雌猩猩住在一起，也包括它们的孩子。但是，这只雄猩猩基本不会抚育幼崽，它的全部精力都用来控制雌猩猩和驱赶其他雄猩猩。

猿类近亲中，只有长臂猿的行为和配偶关系有些相似。虽然它们的性行为并不是严格的一夫一妻制，但雄性和雌性会一起唱歌，并共同捍卫领地。在拥有配偶关系的物种中，二重唱的作用令人着迷。音乐似乎铺就了一条通往浪漫的路。对长臂猿如此,对弗雷德·阿斯泰尔和金杰·罗杰斯①也是同样。

人类的性生活也有多种多样的形态。就像面对其他事情一样,我们擅长创造理想化的典范,并试图将其实现。在不同时期的不同地区,性关系的范本可以是忠贞不渝、多配偶制或自由性爱,唯有一条规律是清晰而普适的:现实永远比范本凌乱。

园丁实验室
THE GARDENER AND THE CARPENTER

著名的动物行为学家与人类学家艾雷尼厄斯·艾布尔-艾贝斯费尔特(Irenäus Eibl-Eibesfeldt)给我讲过一个故事。有一次,他初次来到一个偏远的部落。在了解了这个部落的方方面面后,他询问部落族人是否也有想问他的问题。"是的,"部落族人说,"在你那儿,存在婚后出轨的行为吗?"在这个部落里,哪怕出轨会搞砸所有人的生活,但它依然一而再再而三地出现,因此部落族人提出此问,但他们对此又有什么好的建议呢?

如果可以拥有多个性伴侣,是否就无须面对类似的难题了呢?答案是否定的。在日本小说《源氏物语》所描绘的年代,男性以拥有多个情人为荣,这本书的主人公也不例外。然而,他曾后悔道:还不如只和妻子在一起,那样人生还可以简单些。可见,倭黑猩猩的交往策略也并非十全十美。在不同的年代,人们给无拘无束的性爱起过许多饱含希望的新名字,从自由性爱、开放婚姻到现在的多角恋爱,却依然无法解决嫉妒和不安全感这两个令人绝望的古老问题。

---

① 弗雷德·阿斯泰尔(Fred Astaire)和金杰·罗杰斯(Ginger Rogers)都是美国著名演员、舞蹈家。——编者注

但是，无论是哪一种性文化，在性与爱、性关系与抚养义务之间，都存在着既根深蒂固又人尽皆知的纽带。无论是哪种形态的性爱和婚姻，在人类文化中都俯拾皆是[7]、理所当然，可在动物界中，只有不超过5%的哺乳动物[8]会有类似行为。从进化的角度来看，我们其实只是凤毛麟角。

那么，为何有些动物会有配偶关系，有些则不会？为何独独人类拥有这一关系，并因此和绝大多数灵长类近亲形成鲜明的对比？在进化过程中，配偶关系可以有许多源头，也服务于许多不同的目的，但可以肯定的是，它和"父系投入"息息相关。在拥有配偶关系的物种中，父亲几乎都会帮助照看幼崽。这也说明，这些物种的幼崽需要的总投入更多，无论是时间、资源还是精力。

虽然配偶关系与父系投入[9]高度相关，但依然有人争论，在人类历史上，父亲对孩子的成长到底做出了多大的贡献。"鸡和蛋谁先出现"的进化悖论也同样存在。

哪怕是在原始采集社会，人类父亲在孩子身上所花的精力也远远超过大猩猩和黑猩猩的父亲。已经有清晰的证据表明，父亲所付出的这份精力和照料可以让孩子更好地成长。从古至今皆是如此。

如果父系投入对孩子如此有益，那它为什么没有成为动物界的主流呢？其实，在父系投入的进化上，始终存在一个谜团。许多传统的进化心理学家都指出，男女对繁衍后代的兴趣并不对等。男性希望将精子播种给尽可能多的女性，生更多的孩子，从而提高基因的传承概率；而女性因为有孕期这个瓶颈，所以更看重照看好已有的孩子，尽量让他们健康长大，这要比多生几个孩子有效得多。

如果男性采用"四处播种"这一策略,那最优的选择就是凭借自己的身形、力量和攻击性来赶走其他男性,避免女性和他人性交。他们甚至可以让自己的精子变得更强悍,更容易让女人受孕。其实绝大多数雄性灵长类动物就是这样做的,那人类为何会走上另一条道路,选择建立配偶关系呢?[10]

一个可能的解释是,人类女性发现,如果她们喜欢上不那么喜欢打架、更乐于带孩子的男性,她们的基因就更容易得到延续。母亲需要父亲这一资源来帮她们度过孕期瓶颈。孩子越是需要照料,这个策略就越合理。一旦女性开始有了这方面的偏好,顾家的男性就拥有了遗传优势。久而久之,这样的男性和偏好他们的女性便成为主流,取代了原先的模式。

当孩子特别需要照顾时,男性便会发现父系投入自有其合理性。幼儿平安长大需要越多的资源和照料,男性的天平就越往顾家的一边倾斜。如果婴儿都早夭了,生得多又有什么意义呢?还不如少生几个,并为他们提供所需的资源。

你可能已经发现了,只有当父亲们确认了这个辛苦养育的孩子是自己的,这个策略才会有效。配偶关系就像男女之间达成的遗传学契约,伴侣间的忠贞让男性的付出更可能作用到携带自己基因的孩子身上。同时,这份额外的父系投入也让携带着女方基因的孩子更有可能茁壮成长,拥有更长的发育期。

配偶关系也让物种发展出了独特的生理特性,合作取代了攻击。与大猩猩这样一夫多妻的动物相比,拥有配偶关系的物种,雌性和雄性的个头差异更小,因为雄性不需要靠超强的力量来驱赶其他雄性并控制雌性。精子面临的竞争更少，所以雄性的睾丸更小。受孕后，由于子宫中的睾酮浓度不同，就连胎儿手指的长短都会有区别。

人类就是如此。人类男性的睾丸比类人猿的小，个头比女人高得不多，二指和无名指的长度差异也相对较大。通过测量化石中的样本，科学家可以追踪出人类是如何一步步演变出这些特质的。[11] 这项研究也发现，配偶关系的产生与人类其他一些显著特征的进化互相关联。漫长的童年期就是其中一例。

那么，人类的性生活为何远比单纯的配偶关系要复杂呢？是否有这样一种可能：我们既继承了灵长类同胞的性选择，又拥有对配偶关系的遗传倾向？在不同的环境下，同样的基因组可以表现出一系列不同的生理与心理特性。人类也可能发展出各种性模式，有不少都可以在我们的灵长类近亲中观察到，像是倭黑猩猩和黑猩猩的自由性爱，大猩猩的妻妾成群，以及长臂猿的一夫一妻。

例如，生物学家将人类的父亲称为"随性照顾者"。在不同的情境下，他们可以全然投入，也可能对孩子漠不关心。其中的关键似乎取决于他们照看孩子的经历。如果父亲必须要亲自照顾婴儿，那他们更可能会和孩子产生纽带关系，从而更积极地投入。[12] 但是和母亲相比，父亲也更可能直接把照顾孩子的任务交给别人。

环境也可以鼓励某种性模式，而压抑其他模式。比如说，农业的兴起带来了人类历史上的大转型。数十万年来，人类都生活在采集者的小族群中，社会关系多为平等主义。从1.2万年前出现农业时起，人类社会就开始变得更庞大、更复杂，并开始产生等级。

农业的崛起令人困惑。同样的人，同样的遗传特性，却要采用一种与过去全然不同的行事方式。性关系上也是如此。在采集者的族群中，可以观察到配偶关系，男女也相对平等。农业兴起后，随着社会结构变得更庞大，不平等也随之加剧，[13]类似大猩猩的一夫多妻制开始出现，男人可以妻妾成群。当人类发展到工业化与后工业化时代时，性关系又再次发生改变，回到了类似平等主义时代的配偶制度。

我推测，女权主义的许多历史对立都源于不同性模式之间的冲突。最晚从18世纪开始，女权主义者就在是庆祝还是质疑性快感之间来回转变。对女人来说，性快感既可以与承诺、爱情、养育等与配偶关系相关的特质相关，也可能诱发男性的攻击性行为、竞争、控制等一夫多妻制下的产物。它还可以是一种单纯的快感。人类对各式各样的性模式所表现出的倾向就形象地展示了文化、传统和法律能够如何塑造人们对性快感的印象。

至少，对女权主义者来说，对性的现象学观察可以反映出理性与遗传的一系列冲突。现代社会性关系的典范接近于一夫一妻制，我们认为性关系中应该平等、投入并充满爱。然而我们不得不承认的是，在某些时刻，力量和侵略性确实会带来性吸引。《五十度灰》(Fifty Shades of Grey) 这样的小说便是这种倾向的例子。有一个笑话说，女人会花前30年寻找她的希斯克里夫，再花后30年尝试逃离他。作为一名有幸生长在20世纪60年代末期的美国女性，在避孕药问世之后到发现艾滋病之前的短暂时光里，我确实感受到了自由性爱和单纯性愉悦的吸引力。

无论生理结构如何塑造了我们，我们都有能力理性地改造环境。哪怕人类无法彻底摆脱基因的限制,也至少可以构建环境,让遗传中最好的一面得以呈现。如果一夫一妻制的婚姻形式可以带来更好的家庭生活和性生活,让人类生活得更好,那我们可以运用法律来提倡它。

进化证明,人类单一配对的特点让我们与众不同,并且这一特点出现在人类儿童的需求增加之时。即使配偶关系在原则上是个好主意,进化也必须提供一种机制。在男人和女人的大脑和心智中一定出现了一种机制,才会让配偶关系真正发生。许多研究人员认为,父母和孩子之间的爱从心理上甚至从生理过程中也支持配偶关系。性爱和对孩子的爱是以另一种方式紧密交织在一起的。

人类学家和生物学家海伦·费希尔(Helen Fisher)[14]区分了三种支撑性爱的生物化过程,即性欲、强烈的爱情吸引和长期的依恋。这种区分从直观上看也有道理。纯粹的性欲推动了所有物种的发展,而浪漫的爱情和长期的依恋就是配偶关系所产生的情感。

如果把欲望套用在孩子身上,那显然是哪里出了很大的问题。但是,其他两种情感和我们对孩子的爱似乎有相似之处。浪漫爱情带来的幻觉和变化的意识非常像我们爱上婴儿时的感觉。当奥吉在房间里时,我很难看到其他人。而且我们对婴儿和孩子的爱包含纯粹的肢体接触,就像浪漫爱情里那种对心爱之人的感觉一样。就像美国著名绘本作家莫里斯·桑达克(Maurice Sendak)的书里描述的那些狂野事件一样,大多数爱照顾婴儿的人至少都在内心宣称过:"我吃定你了,因为我如此爱你!"

事实上,科学研究确实证实了我们爱婴儿的这个想法,部分原因在于他们的外表,因为他们真的是太可爱了。[15] 婴儿独特的身体特征,即大大的脑袋和眼睛以及小小的下巴和鼻子,即使有些不是婴儿独有的特征,也会引发我们的关爱和保护行为。这种反应似乎是人类一种非常根深蒂固的情感表达。即使是像 E.T. 那样仅有婴儿感觉的鳞状、灰色外星人,都可以引起我们的注意,更别说一只可爱的小海豹了。

但有些遗憾的是,正如我们知道的那样,热烈、浪漫的爱情都是短暂的,真正的配对情感虽然并非众所周知,但确实是一种更持久的伙伴关系,是婚姻式的情感而不是求爱式的情感。而且,**从生物学的角度来看,这种夫妻之爱和我们对孩子的爱最相似,而且在我们对孩子的关怀中扮演着最重要的角色。**

至少对于一些生物来说,比如说田鼠[16],我们实际上可以在一些细节上追踪到配偶关系的生物学基础。这些研究的确证实了对于父母和伴侣来说,配偶关系所产生的生理化学反应是相似的。

园丁实验室
THE GARDENER AND THE CARPENTER

橙腹田鼠是具有配偶关系的哺乳动物,而它们的近亲草原田鼠则是多偶制。一雄一雌里的雄性橙腹田鼠可以产生异常高的催产素和后叶加压素等神经递质,草原田鼠则不会。

科学家实际上可以改变田鼠的基因。橙腹田鼠的一些基因可以制造催产素,草原田鼠具有相同的基因,但它们这方面的基因通常没有被激活。当科学家激活这些基因时,[17]多偶制的草原田鼠便开始改变它们的行为,也会像橙腹田鼠一样配对。

催产素[18]有时被描述为"倾向和交友"激素,与"战斗或逃跑"激素如肾上腺素相反。在人类和田鼠中,催产素似乎与信任、承诺和依恋的感觉密切相关。妇女在分娩时，身体里充满了催产素。给人们施用催产素似乎能使他们更具信任感，更愿意分享和合作。

至少在田鼠中，基因差异会导致大脑中化学物质的差异，从而导致行为的差异。但重要的是反过来也是如此。也就是说，关爱、照料的行为，对田鼠来说是梳毛或交配，对人类来说是亲吻和拥抱，这些都可以产生催产素和相关的化学物质，而反过来，这些化学物质也会让我们有更多的关爱行为。

爱、催产素和后叶加压素之间没有简单的等式，即使在田鼠中也是如此。这些化学物质对雄性和雌性具有不同的影响，并且在大脑、基因、神经递质和经历之间存在非常复杂的相互作用模式。但似乎很明显的是，在配偶关系和亲子关系之间，在我们对恋人和对孩子的依恋的生物学基础之间，存在着一种至关重要的联系。

我们对伴侣的爱就像我们对孩子的爱，无论从生物学的角度还是从实际生活经验的角度来说。它似乎也植根于对照顾的需求之上。当然，这一切都不意味着任何一种爱都是自发的，有一些核心家庭的"自然法则"会将两者联系起来。事实上，至少在美国社会中，孩子的出生通常会给伴侣之间的关系带来很大的压力。

然而，如果我们想更深入地理解父母和孩子之间的爱，就需要了解性爱中的亲密生物性和进化关系。对人类而言，父亲与子女之间的爱，即父系投入，以及父母之间的爱，即配偶关系，是同一个进化体系里的一部分。

爱的三面手 2：祖父母

"我"是一个进化之谜。为什么像我这样的更年期女性依然活着？与配偶关系一样，人类女性的更年期也是被我们视为理所当然的现象中的一种。但是从进化的角度来看，它实际上是很不寻常的神秘存在。据我们所知，虎鲸是除人类以外唯一具有更年期的哺乳动物。黑猩猩在50多岁时死去，大约就是它们停止生育的年纪。人类的女性为什么在停经后还会继续生活二三十年？

答案可能是良好的营养和医疗保障所致寿命的延长。但实际上，化石上的记录和对觅食文化的研究表明，那时的有些女性在更年期之后也还一直活着。因为童年时期的死亡人数减少了，我们现代人的平均寿命更长。一旦我们度过了童年，差异就不那么显著了，在觅食社会中，一个年过30的女人很可能会活到60岁。雌性黑猩猩比人类女性更早死亡，甚至在动物园和庇护所也是如此，尽管在那里它们可以吃饱，也有良好的医疗条件。

当然，更长的寿命也意味着有更多的祖父，但他们的存在并不那么令人费解。老年男性可以通过养育更多的孩子，以及支持他们的孙辈来间接地繁殖延续自己的基因。女性的更年期确实是一个非常令人费解的现象。

人类学家克里斯滕·霍克斯提出了她所谓的"祖母假设"。祖母为早期人类儿童的成长做出了重大贡献。这种贡献非常大，让更年期具有了进化意义。当婴儿特别需要照顾时，帮助与自己拥有相似基因的孙子、孙女可能比自己生育更多孩子更好。

事实上，数学模型表明，在一个有婴儿需要照顾的世界里，进化制造出了许多绝经后的祖母。[19] 如果只有少数女性活过了更年期，并利用这段时间照顾孙辈，那么她们的基因就更容易传播。最终，绝经后的祖母成为常态，而不是例外。

霍克斯对觅食族群进行了非常详细的研究，记录了群体中每个成员生产和消耗的热量。她发现，祖母实际上会为猎人提供更多的高热量食物，特别是坚果、蜂蜜等通过"提取性觅食"找到的美味营养食品，更不用说白蚁了。

在不同的族群中，狩猎和采集之间，以及男女老少人数之间的平衡可能会有所不同。像父亲一样，祖父也可以做出重大贡献。但是，祖母似乎对她们孙子、孙女的生存有着特别显著的影响。

特别是，祖母可能已经使人类有了很多孩子，并且仍然可以在更长的时间里照顾这些孩子。我们经常在大孩子还在蹒跚学步时，又把新生婴儿带到这个世界上。

> 霍克斯发现，如果母亲有更多的资源，那么婴儿更有可能茁壮成长，这一点并不令人奇怪。但对于幼儿来说，重要的是祖母有多少资源。当一个新生儿来临时，祖母的介入便是一个关键。

祖父母也可以更直接地帮忙照顾孩子。鉴于人类童年的需求，照顾者当然是越多越好。而且，从进化的角度来看，祖父母显然受益于照顾自己遗传的后代。遗传学家 J. B. S. 霍尔丹（J. B. S. Haldane）讨论了利他主义的演变，他说他愿意为两位兄弟或 8 位表兄弟献出生命，从而确保他的遗传基因能够得到延续。正如我向儿子们指出的那样，按照霍尔丹的原则，对我来说，为

4个孙子、孙女付出生命，而不仅仅是两三个，才更具进化意义。

"祖母假设"还有其他的支持论据。人类的母亲和女儿可能生活在同一个地方。这使得人类与黑猩猩非常不同，雌性黑猩猩通常在性器官成熟时离开自己的群体并加入另一群体。人类女性也可以做到这一点，但她们更有可能留在原来的群体中。这是因为，如果孙子们生活在森林的另一边，祖母就没有多大用处了，甚至没有任何通信设备可以让他们相互联络。

祖母还有其他的好处。霍克斯强调了祖母做出的物质贡献，但她们也可以贡献智力资源。对现代母亲来说，仅是让婴儿摆脱麻烦就已经很困难了。你可以想象在一个充满明火、有毒浆果和饥饿剑齿虎的世界里生存会有多艰难。即使对现代人来说，祖母也是育儿经验和实用建议的丰富储备。她们不仅可以帮助照顾婴儿，还可以教导父母如何更有效地照顾婴儿。

最后，人类最重要的特点是，我们是一个有文化的物种。漫长的童年使我们特别能够适应文化。我们可以从之前所有世代中学习，祖父母为我们提供了丰富的文化信息。他们将孩子与两代人的经验和知识联系了起来。无论是歌曲、故事、拼读、食谱甚至是荒诞的故事……我们都是在祖母身边学到的。**在文字书写发明之前，祖父母是人类历史最有效的联结。**

爱的三面手3：异亲

很多时候，我们会理所当然地认为人类的父亲为子女的成长做出了很多贡献。家族成员里，像祖父母也发挥了作用。但人类似乎天生就会照顾孩子，即使是与孩子没有直接关系的人。而事实上，这可能在塑造人类进化方面非常重要。

这个想法来自著名的生物学家和灵长类动物学者萨拉·赫尔迪。赫尔迪提到，人类在进化过程中有着向"合作养育"转变的趋势。我们有"异亲"[20]，即族群里有其他承担育儿责任的人。这些异母和异父甚至可能与他们照顾的婴儿没有直接的关系。

在与人类最亲近的灵长类动物中，几乎不存在异亲现象。比如说黑猩猩，如果有其他黑猩猩想靠近幼崽，母猩猩会很紧张地抱紧它们的孩子并大声反抗。但是，如果我们放眼整个灵长类动物的世界，便会发现不少合作养育的现象。异亲在狐猴和叶猴中很常见。这些灵长类动物从遗传的角度看离我们很远，但它们和我们有一些育儿问题很相似。它们与黑猩猩和大猩猩不同，却和我们一样，生活在热带草原而不是森林中，而且和我们一样，也是带着婴儿长途迁徙的旅行家。

在狐猴和叶猴中，母猴们经常相互分担照顾孩子的责任。有些成年猴即使与幼猴没有直接关系，也会帮忙照顾。年轻的母猴在这个过程中会很有用，因为它们相当于十几岁的保姆。年轻的母叶猴会自发地被幼猴吸引并照顾它们，即使不会立刻得到什么回报。

与配偶关系一样，异亲现象在鸟类中也很常见，但在哺乳动物中就不常见。不过在哺乳动物中，它不仅仅存在于灵长类动物中，比如说，大象也有异亲现象，甚至还会共同分担母乳喂养的职责。

异亲在当代的觅食社会中发挥着重要作用。这些族群不仅依赖祖母，还依赖年长的哥哥姐姐、堂兄堂姐和阿姨们，甚至还有社区中的其他父母，这就是著名的"用整个村庄养育一个孩子"的例子。

最近的一项研究表明，在觅食社会中，女性经常母乳喂养其他妈妈的婴儿。[21] 有时祖母也可以加入。这些婴儿经常吮吸祖母的乳房，这可能还会让祖母重新分泌乳汁。

对于年长的哥哥姐姐来说，照顾小孩子是具有进化意义的，大家可以回想一下霍尔丹愿意为两位兄弟献出生命的格言。然而，其他成年人在养育孩子中的贡献就好比一种不同形式的利他主义，这是一种矛盾的现象。比如说，为什么我要投入所有这些努力来推动另一个母亲的基因进化呢？

这里有几个解释。**首先，人类的婴儿有着基本的无助感和对于依赖的需求。**回想一下，人类的女儿往往会选择留在自己的族群里而不是离开，所以人类社区往往分享了许多共同的基因，即使它们彼此之间并没有直接关系。帮助所有的婴儿茁壮成长，能使整个族群的基因永久存在。既然我们的孩子非常无助，那除非我们互相帮助，否则我们可能都无法生存下去。如果我在你休息和觅食时照顾你的宝宝，我也可以期待你为我做同样的事情。这样我们都会受益。

其次，异亲也可能是一种重要的学习经历，特别是对年轻女性来说。当你最终有自己的宝宝需要照顾时，之前照顾其他宝宝的经验会非常有帮助。对许多灵长类动物来说，包括人类在内，第一次做母亲时难免会很脆弱，有可能会拒绝婴儿或无法很好地养育他们。而异亲不仅可以让母亲获得休息，还可以让年轻的女性和男性有机会练习照顾孩子。

赫尔迪认为，在人类进化的过程中，异亲发展得相当早。当我们搬到热带草原并开始分娩体型相对较大的婴儿时，我们就需要帮助。合作养育是从为了解决远距离携带体型较大的婴儿开始的。但合作养育一旦开始，就会为人类进一步的发展提供条件。这些发展尤其体现在更长的未成熟期、更大的大脑和更高级的学习上。霍克斯对祖母也有类似的看法，而其他人对于配偶关系也得出了类似结论。

你可以看到，无助婴儿的发展和照顾他们的动力是相辅相成的。从全心付出的父亲那里，从充满活力、有些唠叨且饱经风霜的老祖母那里，从温柔亲切的年轻保姆那里，我们都可以看到人类对孩子的爱。所有这些形式的看护都让婴儿可以充分利用这段长期受保护的未成熟期，去探索和学习。

对孩子的爱就像一个无法言喻的承诺

在奥吉出生之前，说起来可能无法令人信服，但我实际上并不确定我对一个孙辈会有什么样的感受。我已经照顾孩子 25 年了，但没有他们的新生活也让我感到很开心。因为我终于有了可以整夜工作的自由，而且还有了一个干净整洁的房子。所以我并不想回到照看孩子的那个时期，即使是兼职。

当我对家庭成员们表达我的想法时，他们对我的这种冷漠都报以极端的怀疑态度，而事实上，我是对的。我并不会为有了"一个孙子"而疯狂，我是为有了"这个孙子"而疯狂，为这个拥有奇迹般蓝眼睛、头发卷曲的小孩而疯狂。而且我知道，我肯定也会对我儿子制造出的其他生命奇迹有相同的感受。

随着我第二个孙辈乔治的出生，这种承诺的神奇变得更加生动鲜明。这个将几股 DNA 转化为一种生物的复杂过程是看不见的，但它也可能会出错。

乔治是一个聪明、漂亮、甜美、快乐的小女孩，但是她基因中的一个小小突变意味着她得了一种罕见的疾病——先天性黑色素细胞痣。最显著的症状是巨大的痣，覆盖了乔治的大部分背部。而且，这种病还会侵入孩子的大脑并导致发育问题，并会使她面临潜在而致命的皮肤癌风险。

我们很幸运。两岁时，乔治还很好。但值得注意的是，这种状况及其伴随着的焦虑和潜在需求，并没有让我、乔治的父母、叔叔阿姨和祖父、外祖父对她的感受有任何改变。还有什么比她一缕缕的金发、可爱的下巴、迷人的笑声、对动物的热爱以及对生活的巨大热情更珍贵的呢？

对于有着不幸现实、身处困境的孩子的父母来说，这当然是事实。

这种对某个人无条件的承诺是使爱变得奇怪的原因之一，它同样也使爱孩子这件事显得特别奇怪。这也是最深刻的核心悖论之一。毕竟，你可能会认为，正如几代经济学家所说的那样，社会关系取决于对方实际上在利益和责任的相互交换中做了什么。值得注意的是，仅仅是一个小的意外改变就会让一个小小孩子的角色变得如此重要。

你可能会认为只有孩子的父母才会有这种感觉。当然，我对奥吉和乔治的感觉无论多么深刻，都不会像他们的爸爸、妈妈那样有深度、有重量、有热情、有代价且令人痴迷。或者你又会想，因为照顾人类的孩子确实超出了妈妈的能力范围，所以我们一般都会去重视孩子，特别是眼前的这个孩子。

但这种特殊性似乎与照顾孩子本身相伴而生。在我成为祖母的同时，我在加州大学伯克利分校的其他 4 名学生和同事也都有了宝宝。我们的实验室可能没有发表很多的论文，但我们确实制造了很多婴儿。他们都非常可爱，甜美而阳光，而且我很乐意抱着他们，对他们"咕噜咕噜"地说话。但他们并不是我的奥吉和我的乔治。

当然，我们认为这种特殊性是理所当然的，它是照顾孩子的经验里不可或缺的，这是一种感受它的方式。就像乌比冈湖效应一样，这是人性的缩影，我们都认为自己的孩子比平均水平优秀。当然，这可能会让谈论孩子显得有点烦人。作为一个研究孩子的科学家，我花了好几年时间在父母身上，他们把每一个关于孩子的讨论变成了对"我家孩子"的讨论。所以作为一个新晋的祖母，当我想要称赞奥吉和乔治所有比较特别的美德时，还是会忍住不说，虽然这有些难度。

但这其中也有一些神秘的东西。为什么我们对孩子的爱是这样的？为什么我们只爱"这个"婴儿，而不是其他所有婴儿？对于生物学母亲来说，答案似乎很明显，因为这个婴儿携带着她的基因。但是正如我们所见，人类婴儿受到生母之外的许多人的照顾，包括许多与他们没有直接关系的人。即使是父亲和祖母，也无法完全确定他们所照顾的婴儿就是自己亲生的。对于大多数照顾婴儿的人来说，照顾的行为本身就会创造出彼此的联结关系。

同样，类似的浪漫爱情之谜也与此相关。我们都知道，爱情很抽象，如果当初不是他或者她，那就是其他人，浪漫爱情的现象学就是运气、共同灵魂和命运。但至少在浪漫的爱情中，我们有选择的幻想。我们可以告诉自己，因为对方的善良、智慧或者只是微笑的方式，我们才爱他。

但是对婴儿和孩子的矛盾感觉则更加深刻。尽管我们无法选择自己的孩子或者最终会照顾的孩子，但我们只爱这些孩子。事实上，即使他们是盲人、聋人或有其他残疾，或者生性挑剔、体弱多病甚至濒临死亡，我们都会爱这些孩子。我们永远不会将他们与其他孩子交换。

在乔治出生之前，我发现自己正在担心，就像我做母亲时所担心的一样：我怎么能像爱第一个孩子那样爱第二个孩子？即使我完全有理由相信，当这个奇迹到来的时候，我对它的承诺感就像对第一个奇迹那样强烈。

当然，有时候，这种深刻的依恋和承诺感根本不会发生，而且往往需要一段时间以后才能发生。出现这种情况时，我们不应该责怪照顾孩子的父母，无论出于何种原因，他们都没有这种无条件的依恋情绪。但我们可以说，这些只是例外，对父母和孩子来说都是悲伤和痛苦的。

这种不可言喻却真实存在的承诺感似乎很奇怪，但可能反映出一种相当抽象的数学策略，以应对进化理论中的技术问题。[22] 这个技术问题来自人类进化的核心奥秘之一：我们为什么合作？利他主义来自哪里？我们怎么会愿意为没有携带自己基因的其他生物体付出呢？

对这个问题的经典解释是著名的"囚徒困境"。想象一下，两名涉嫌银行抢劫的犯人邦妮和克莱德被捕了。警察分别告诉他们：如果你把另一个人供认出来并且自己认罪，你就会获刑5年。如果你保持沉默而另一个人供认不讳，你就会获刑20年。但是，如果你们两个人都保持沉默，那么因无法对你们两人定罪，你们两个都会被无罪释放。邦妮和克莱德都应该想到，保持沉默比出卖对方更好，但在只考虑自己的情况下，他们每个人都应该认罪。可是，如果两个人都认罪了，他们最终会比两人都信守承诺、保持沉默要更糟糕。而从进化的角度来看，只考虑自己的基因更容易被保存和遗传。

我们的生活里充满了这些困境。为了每个驾驶员的利益，我们会向空气中排放更多的碳，但碳累积的影响最终将成为每个人的灾难。在公园里扔的每一块垃圾看似无足轻重，但它们集中在一起则可能是毁灭性的灾难。在公共草地上吃草的每一只绵羊吃得都不多，但它们最终会留下一片荒地。

利他主义和合作是逃避这些困境的方法，这些方法使我们能够共同发展。我们在其他灵长类动物[23]身上也看到了利他主义和合作的现象，但我们这种合作的精心和发展是人类最伟大、最显著的优势之一。[24]实际上，你可以说人类历史就是积极地借由更广泛的合作来解决"囚徒困境"的整个连续过程。

但是，这个解决方案有什么样的细节呢？进化又是如何将一个没有利他主义的社群变成一个利他的社群的呢？进化理论的整个分支学科一直都在致力于研究利他主义者是如何在进化竞争中占据优势而不被欺骗者和恶霸驱逐出去的。

从长远来看，解决"囚徒困境"的一种方法是，每个囚犯都要追踪其他囚犯过去是否曾有出卖他人的行为，并据此在将来做出判断。显而易见，这种策略被称为"以牙还牙"[25]。你可以证明，如果一群动物遵循这一策略，就会出现合作行为。这很容易理解，游戏中的欺骗者很快会被同伴玩家制止并驱逐。这一策略的成功导向了马基雅维利的人类进化图像：充满了对欺骗的觉察和相互惩罚的机制。

但"以牙还牙"并不是建立合作的唯一或最有效的策略。事实上，不断监控他人的行为需要付出代价。鉴于人类生活的紧迫状态，这一策略伴随着不断出现的诱惑缺陷。只要背叛一次，整个合作项目就会崩溃。如果每个人都遇到了诱惑的时刻，那么整个合作结构就会崩溃。

因此，另一种策略是识别你愿意与之合作并愿意与你合作的人，然后维持好这些合作者。虽然从进化的角度来看这是一个好的策略，但我们怎样才能在实际的人类思维中将其实现呢？有可能是我们对承诺和依恋的情感，即我们彼此之间的爱的特殊性，为我们提供了一种方法，可以在更长的时间里更有效地解决"囚徒困境"。

众所周知，无论是对孩子还是对伴侣，爱所带来的深刻满足感都不受爱所带来的直接利益的支配和影响。伟大的作家艾丽丝·芒罗（Alice Munro）曾经冷静地指出："爱不会以任何可靠的方式为幸福做出贡献。"但我们离不开它。

> 不知何故，爱将我们与这一个人联系在一起，这样我们就可以从他的陪伴中获得深刻的满足感，这与我们从中获得的任何好处都毫无关系。我们可以将这些深刻、积极的依恋和承诺的感觉视为奖励爱情本身的一种进化方式。

具有讽刺意味的是，这种超然的承诺感实际上可以为双方带来比通过谈判、一来一回和"以牙还牙"的过程更好的长期结果。如果邦妮非常喜欢克莱德，以至于克莱德的利益对她来说与她自己的利益一样重要，那她将超越背叛的诱惑，即使背叛更符合她的短期利益。这种长期合作的方式才让人类复杂且需要忠诚度的项目得以形成。

这些为某个特定对象付出的承诺感比照顾者和孩子之间的关系更加明显或更加重要。与我们的孩子一起采取"以牙还牙"的策略将是灾难性的，因为我们为孩子所做的事情与他们为我们所做的事情之间存在着如此深刻的不对等，我们对孩子的投资与回报之间也存在着长期滞后。在我们离世后，我们对孩子的承诺便超越了生命，延续到未来。

即使是非人类的动物，特定的照顾者和特定幼崽之间的特定联结也很重要。许多鸟类在出生后就会依赖于它们看到的第一个大型移动物体。我们都知道小鸭会跟着它们的母亲，而伟大的生物学家康拉德·洛伦茨（Konrad Lorenz）带着一排小鹅行走的著名照片也说明了这个问题。对于生物学上的母亲和婴儿来说，这些特定的联结具有非常好的遗传意义，而且很容易扎根于实际经验和生产过程本身。你可以看到，我在本章开头描述的怀孕和分娩经历是如何与母性的具体承诺感联系起来的。

但是，与其他动物相比，人类照顾孩子的时间更长，而且会有更多的人参与这种照顾。由于我们致力于生育更多的孩子，而不仅仅是我们自己的后代，因此非人类动物亲子间那种相对简单的承诺策略对我们来说是不够的，就像是你看到的第一个移动的东西，你触摸的第一个宝宝等。对许多照顾者来说，比如父亲、祖父母和异亲，遗传关系很难确定，因此他们不适用于"只爱自己的骨肉"这句话。

对父亲、祖父母和异亲来说，照顾孩子的情感是由社会环境引发的，是通过沉浸在由伴侣、父母和其他人所交织的爱中而引发的，是由我们的经验、信仰和学习的东西引发的。人类对照顾行为本身的反应也比其他动物更强烈。

照顾一个婴儿可以帮助我们爱这个婴儿，就是眼前这个特定的婴儿。抱着并照顾婴儿会增加我们体内的催产素水平，即那种内心温暖的感觉。[26]

对父亲来说，照顾婴儿也会降低体内的睾酮水平[27]及其相关的侵略和愤怒情绪。

即使是母爱也不仅仅是生物学层面的问题。在分娩已经过去很久之后，我们仍会爱着我们的孩子。母亲对孩子的承诺可真正是个长期目标。养育孩子可不仅是对下周或对明年的承诺，更是对未来的承诺。

如此多的人，而不仅仅是母亲，都会感受到这种对孩子的承诺和依恋的情感。因此，我们可能会进一步扩展这种情感，将其他孩子也包括进来。同样，人类利他主义的发展至少部分地涉及了对孩子无条件付出的情感，并更普遍地利用了它们。[28]

孩子是长时间对某特定对象承诺与依恋的最纯粹的例子。但总的来说，人类的合作就植根于这些情感之中，我们对伴侣和朋友，甚至自己的学校、城市和国家，也有同样的感觉。我不会说我对任职的加州大学伯克利分校的爱，就像我爱奥吉和乔治一样，但也有相似之处。斯坦福大学和哈佛大学以及其他大学都非常好，但它们不是我的大学。

当然，源自进化的情感也不一定意味着它们是正确的。对其他部落凶狠的性嫉妒和无情的迫害可能在过去帮助我们生存了下来，但仍有可能在未来毁灭我们。

承诺也是需要付出代价的。人类之间也存在着具有破坏性的痛苦关系，包括亲子间、恋人间、伴侣间或朋友间，他们早该减少损失并继续前行。

更为深刻的代价是，这些情感让我们将世界分为内部群体和外部群体，分成"我们"和"他们"。我愿意对所爱之人做出承诺的另一面是，我不愿对不爱之人有所付出。事实上，研究甚至表明，帮助我们对自己所在群体中的成员建立信任和爱的那些催产素，也使我们对外部群体的人不那么宽容。[29]

同样的，驱使我们如此深切地关注"自己的"孩子的冲动，即使这些孩子实际上与我们无关，也会导致我们对他人的孩子无动于衷。对当代父母来说，公立学校系统就是一个很好的例子。我可能会认为对所有孩子来说，去公立学校会更好，但是对我的孩子来说，去私立学校会更好。

虽然我们可以抽象地认识到照顾每个人都很重要，但在实践中，我们会偏爱对自己有利的事。一些哲学传统，例如，某种功利主义认为这种特殊性本质上是错误的，我们应该对所有生物的利益都有更广泛的关注。

但总的来说，这些情感既健全又合理。长期合作的问题仍然存在，即使进化没有给我们一个良好的开端，我们也仍然可以解决这个问题，而且把承诺给予合作伙伴仍然是一个很好的解决方案。**承诺的情感是最重要、最深刻的人类情感之一。我们关心自己所爱的人，而不是我们自己的爱，这是我们道德甚至精神生活的基础之一。**

事实上，许多宗教和思想传统都表达了一种以这些情感为中心的人类理想。理想的做法是将我们对孩子自然感觉到的那种特定的爱延伸到其他人身上。菩萨或圣人的课题是：爱人和爱子，这可能比功利主义哲学家所倡导的将个人利益最大化更难实现。但至少对我来说，这是一个更温暖、更吸引人的理想。

因为照顾所以爱

从所有这些进化思想来看,孩子和照顾者之间的关系是什么样的呢?它与教养模式所描绘的截然不同。人类进化出一系列惊人的适应性,使得成人可以更广泛地对孩子施加照顾,包括配偶关系、祖母和异亲。这些关系的关键在于,它们都是照顾行为本身所带来的结果。

这些适应性不仅使成人和孩子之间产生了新的情感和联系,而且这种新的情感和联系还发生在夫妻之间、祖父母和孙辈之间以及异亲和所照顾的孩子之间。这些情感具有惊人的特殊性,并包含深刻、长期的承诺。

这些情感与教养模式所描绘的是相违背的。如果为人父母的目的是塑造一种特定的孩子或者为孩子打造某种特定的生活,那么就很难理解为什么是这个孩子而不是其他孩子,将会成为他们的专属焦点,即承诺和爱。当然,如果我们的目标是让一个特定的成年人进入这个世界,那就应该四处寻找最有可能成为这样的成年人的孩子,然后教育并训练他们!我们爱孩子的原因不是出于孩子本身,而是出于我们自己。我们不是因为爱孩子才照顾他们,而是因为照顾他们,所以爱他们。

THE GARDENER AND THE CARPENTER

THE GARDENER AND THE CARPENTER

04
边看边学

The largest and most powerful computers are still no match for the smallest and weakest humans.

再强大的计算机也无法与最弱小的人类婴儿相匹敌。

我们总是理所当然地认为，孩子是从父母和照顾者那里学习的。不仅如此，教养模式还让父母认为，他们可以，也应该有意识地去控制孩子的学习。就像学校里的学习模式一样：一位成人为了教授一个特定的孩子，精心设计自己的行为，以便让孩子学到指定的知识和技能。成果是：孩子确实学会了。

但是，孩子到底可以从父母身上学到什么呢？他们是怎么学习的呢？最近的一项研究表明，即使是最小的孩子，也可以从别人那里学到很多东西，远超我们的想象。这项研究中更引人注目的发现是，这种学习很少是通过刻意的教授来实现的。

在前文里，我描述过一幅生物学上的图景。它显示出，孩子、照顾行为和人类学习之间有着特殊的关系。与其他生物相比，人类的童年要更长，人类的幼儿受到了很好的保护，这为他们创造了一个很长的学习期。孩子与照顾者之间的这种关系尤其适用于文化性学习。

正是因为我们有一个漫长的童年和很多悉心的照顾者，孩子才可以很好地利用上一代的经验，尤其是祖父母的经验。他们也可以将这些信息与自己的经验结合起来，创造出新的发现。学习行为的核心悖论就是所学到的传统与自己的创新之间所形成的对立。

那么，我们也许会猜想，孩子都拥有一套精心设计的强大工具，让他们既能从自己的经验中学习，又能向其他人学习。近期很多令人兴奋的研究成果也显示出了这一点。从出生开始，婴儿就对外界信息非常敏感，特别是从照顾者那里获得的信息。而且实际情况远比这要复杂。

> 孩子可能对别人提供的信息很敏感，但决不会被动地被他人塑造。相反，他们会主动解读并试图理解人们在做什么，以及为什么这么做。他们还会以复杂的方式将这些信息和他们自己的经验结合起来，有时可能做得比大人还好。孩子会逐渐理解这个世界的物理环境、周围人的心理特征与社会属性。他们的准确性令人惊讶，甚至令人不安。

至少在某种程度上，你的孩子可能比你还了解你。孩子会注意到父母行为的细节，有些连你自己都没意识到。比如说，学龄前的孩子会注意到你说的是"让我们一起来看看，这是干什么的"，还是"让我来展示给你看，这是干什么的"。

如今，当中产阶级成为父母时，他们往往具有很多在校学习的经验，但几乎没有任何养育经验。因此，当父母和政策制定者从科学家那里得知孩子的学习潜力时，经常会得出这样的结论：大人应该用学校教学的方式，教给孩子更多的知识。但实际上，身教胜于言传。

可笑的是，在校学习是一个非常现代化和本土化的发明。我们所熟知的学校是19世纪欧洲工业化崛起的直接结果，至今只有几百年的历史。

科学研究表明，学校以外的社会化学习要更为复杂，也更为基础。这类学习行为在进化上更加原始，在孩子的发育上出现得更早，也比学校学习更为普遍。在很多历史时期和文化传统中，它们都显得更加重要。

然而，由于我们的文化怪癖，中产阶级父母和他们身边的养育文化只了解关于学校的一切，却对其他类型的社会化学习知之甚少，直到他们自己有了孩子。

在本章和下一章中，我将会谈到在过去几年里备受关注的两种社会化学习模式。不少重要的研究都围绕着它们进行。心理学家将其称为观察式学习和证言式学习。前者指孩子通过观察和模仿他们周围的人来学习，后者指孩子通过倾听其他人谈论这个世界来学习。

孩子都是优秀的小演员

小演员[1]
看，在他的脚下，
有一些小小的计划和图表，
那是他用新学来的技艺塑造的，

他人生梦想的几个片段；

一场婚礼或一个节日，

一次哀悼或一场葬礼；

他的心已经全部扑在上面，

直到他创作出他的歌谣：

接下来，他会用他的口舌，

演绎商业、爱情或争吵；

但用不了多久，

这些也会被丢到一边；

伴随着新的喜悦和骄傲，

小演员开始新的表演；

他的"滑稽戏台"上，

所有的人来来往往，

哪怕瘫痪的老者，

都是他扮演的对象；

生命带给了他所需的工具，

仿佛他的全部职责，

就是无尽的模仿。

正像华兹华斯在这首诗中所写的，即使是最小的孩子，也会模仿成人行为中最微不足道的细节。这样的例子在我家比比皆是。当奥吉帮忙搅蛋液做蓝莓派时，他会完全模仿我，只用手腕用力，结果不幸把蛋液溅得满墙都是。乔治则会干劲儿十足地用一把超大号的扫帚打扫地上的饼干渣儿，和她奶奶的动作一模一样，可惜完全没有效果。家里一直有一个笑话，当奶奶夸张地表扬她的孙子时，最后总会说："我是以一名科学家的身份，客观来说的。"而奥吉也会用他稚嫩的声音和相同的语调严肃地重复道："客观来说的。"

从文化演变的角度来讲，这种模仿非常有意思。

当孩子模仿他们的照顾者时，他们已经可以非常深刻地理解这些行为的目的和意义了。但模仿并不仅仅是理解别人在做什么，它还涉及借鉴他人的做法，然后将其添加到自己的"表演曲目"中，并重新演绎。

当我们模仿别人时，在某种程度上，我们真切地成了那些人。即使是成年人，也会经历"冒名顶替综合征"：你感到自己并不是一个真正有能力的大人，而只是在模仿周围的其他人。有趣的是，即使你只是在模仿，你也表现得和其他有能力的人一模一样。事实上，"冒名顶替综合征"的治疗方法，就是认识到其他所有人也都是冒名顶替者。

华兹华斯在那首诗的早些部分写道，他描写的模仿者是一个"6岁的孩子"。孩子究竟是从什么时候开始模仿的呢？早在1978年，心理学家安德鲁·梅尔佐夫（Andrew Meltzoff）就发现，特别小的婴儿就会模仿其他人的面部表情，就连新生儿都会。当你对着初生婴儿吐舌头时，他们也会对着你吐舌头；当你张开嘴时，宝宝也会张开嘴。[2]这个惊人的结果[3]已经被之后的几十项研究所验证。

所以，从我们出生的那一刻起，某些模仿行为就已经开始了。但是，新的研究也同时表明，从他人身上学习是一件极其复杂和微妙的事。

镜像神经元的"神话"

模仿看似很简单。你可能会认为模仿是自然发生的,不需要太多的思考或知识。模仿者只是以某种方式无意识地重现了另一个人的行为,而并没有真正地理解这种行为,就像鸟群中的鸟一样。

类似的一个观点特别流行,即"镜像神经元"。这类神经元可以在两种条件下被激活:一是当动物做出某个动作的时候,二是当它看到其他动物做出相似动作的时候。这种观点认为,人类的很多复杂行为都可以用这种简单的神经机制来解释,包括模仿、共情、利他行为和言语。由此引申出,正是镜像神经元连接了我们和他人。4

公平地讲,大多数研究镜像神经元的科学家都意识到了模仿、共情和言语行为背后的神经基础是多么的复杂。上面一段中所讲到的观点已经背离了科学,成为流行文化的一部分。它是一则神经科学神话。

像传统神话一样,神经科学神话通过生动的比喻来解释我们对自身行为的直觉认知。"左脑/右脑"就是这类神话中的一个。自古以来,我们总觉得人类的理性和直觉之间存在着强烈的冲突,我们用意象来表达这个观点:维纳斯与雅典娜①,心灵与思维,或者右脑与左脑。实际上,这种象征与两个大脑半球之间真正复杂的功能差异相距甚远。

同样,我们直觉上认为自己与他人之间有着特别的联系。镜像神经元为这种联系提供了一个简单的意象:神经元通过树突在人与人之间传递信号。

---

①维纳斯是希腊罗马神话中象征爱与美的女神,雅典娜是希腊罗马神话中的智慧与战争女神。——译者注

我相信"镜像神经元"这个词在英文里动听的发音也助长了这一观点的传播。格劳乔·马克斯（Groucho Marx）曾经说过，"cellar door"① 是英语中最动听的音节。那么，"mirror neuron"（镜像神经元）一词肯定紧随其后。

我们通过镜像神经元与他人相连的观点有很多错漏之处。如果我们能弄明白哪里错了，不仅可以更好地思考模仿行为，还可以更清楚地理解意识和大脑之间的关系。镜像神经元是一个很好的例子，可以说明公众对神经科学的误解有多深。

第一种误解来源于人们很喜欢把对小鼠和猴子的研究成果直接推广到人类身上。许多重要的神经科学实验都在动物身上进行，因为这样更可控。比如说，你可以确保实验中所有的小鼠都具有相同的基因。

最早对镜像神经元的研究证据就来自猕猴。只有把电极直接插入活体动物大脑[5]中的单个神经元时，才能证实这类神经细胞的存在，当然，这是一项无痛操作。遗憾的是，这类实验通常不能在人的身上进行，尽管一些研究会对正在进行脑部手术[6]的病人实施观察。

猕猴与人不同的是，它们并没有类似人类的语言或文化。猕猴间的相互理解也和人类之间的相互理解大相径庭。事实上，细致的研究表明，猕猴甚至不能系统地模仿其他猴子的行为。它们模仿的多样性和精细度也远远比不上最幼小的人类婴儿。即使是掌握了更复杂的认知能力的黑猩猩，在这些能力上也很有限。[7]灵长类动物并不像流行文化所塑造的那么喜欢模仿。猕猴有镜

---

① "cellar door"意译为"酒窖门"，被许多作家、学者甚至不会说英语的人评选为发音最美的英文单词。——译者注

像神经元的事实恰巧说明,并不能单靠这些细胞来解释我们人类的社会行为。[8]

第二种误解是,镜像神经元的神话暗示着大脑的结构是天生的。它假设我们天生就有这些特殊的细胞,可以让我们与其他人进行联系。人类的模仿行为可能是天生的,但是,在成年猕猴的大脑中找到镜像神经元并不能证明甚至不能从侧面支持这个假说。如果要证明人类的模仿行为是天生的,我们就需要转而探索对新生儿的发展研究。这些研究早就证明了模仿行为是天生的,远在人们发现镜像神经元之前。

事实上,我们知道大脑中几乎所有的东西,尤其是单个神经元的调整,都是由经验塑造的。每当我们学到什么新东西,我们的大脑都会发生物理上的改变。

那么,对猴子来说,镜像神经元是如何从经验中产生的呢?当一只猴子移动它的手时,它几乎总是看到有一只手,也就是它自己的手在眼前移动。这意味着"看到手在动"的视觉经验与"移动手"的行为经验紧密相关。神经元通过关联来学习,正像赫布理论(Hebbian Theory)所说的,"一起激活的神经元连在一起"。正是"看到"与"移动"之间的关联导致了镜像神经元的产生:它们会在出现上述两种经验之一时被激活。可以想见,如果看到另一只动物的手在动,它们也会被激活。

第三种误解是,每种经验都可以由单一类型的细胞或者单一的一片脑区来负责。事实上,经验和行为绝不会是一类细胞甚至几类细胞共同起作用的结果。40多年前,科学家用电极来记录猫视觉系统中的神经元活动。他们找到了一组对特定形状有明显反应的细胞,将其称为边缘探测器。你可能会认为,正是因为边缘探测器被激活,我们才能识别形状。然而,这之后几十年的研究表明，真实情况要复杂得多。哪怕只是看到一个物体这么简单的事情，[9] 都是许多不同类型的神经元之间非常复杂的相互作用的结果。

此外，最近的研究表明，单个神经元和脑区的响应方式也会因环境的不同而时刻发生改变，即使是相对简单和稳定的视觉系统[10]也是如此。现在，你可以想象出，在"模仿"这一社交行为的背后，有多少种相互作用且变化多端的神经元在驱动着它。

我们和他人紧密相连，这一直觉是对的。毋庸置疑的是，大脑是背后的主宰，因为我们所有的经验都源于大脑，而不是大脚趾或耳垂。但镜像神经元理论的提倡者认为，人类一整套复杂的社会行为都可以由单个细胞内部输入信号和输出信号的简单连接来解释。从科学的角度来讲，这是一个重大的倒退。发展科学的研究已经得出了完全相反的结论：即使对小婴儿来讲，模仿行为也可以无比智能、复杂和微妙。

模仿是最有效的因果学习形式

当婴幼儿模仿他人时，他们所做的远不只是简单的重复。**模仿有助于孩子学习两件重要的事情：一方面可以了解物体是怎么工作的，另一方面可以了解人是怎么工作的。**

是什么赋予了我们独特的进化优势呢？这里有两个主要的假设。一个是我们学会了如何使用实物工具[11]，比如学习使用铲子还有婴儿背巾。另一个有时也被称为马基雅维利假设[12]，即我们习得了心理工具，比如获胜时的目光或者一个恰到好处的侮辱。人类具有进化优势，因为我们学会了操控其他人或其他事物，或两者兼而有之。其他动物在这两种工具的使用方面都比我们之前想象的要好得多,但毫无疑问的是,人类在这两个方面的发展确实非常惊人。

无论是在身体上还是心理上,工具的使用都需要因果知识。你需要了解做一件事会如何导致另外一件事的发生。这是最基础也是最难掌握的知识之一。而模仿就被证明是一种很有效的学习因果知识的形式。

有两种方法可以学习因果知识:一种是通过反复试错,另一种是观察其他人或事件。反复试错是所有动物学习的最基本方式,即使是最简单的生物,例如苍蝇、鼻涕虫和蜗牛,也会重复一些可以带来奖励的行为。试错的方式可以测试你的行为是如何导致事件发生的,并学习如何让新的事件发生。

更复杂的动物,比如黑猩猩或乌鸦,有时通过简单观察他人的行为[13]就可以学习,不必亲自行动。但是与其他动物相比,人类会更多地依赖这种间接观察的学习方式。这也是孩子向父母学习的一种特别有效的方式。

孩子的模仿能力高级又高效

我和安德鲁·梅尔佐夫、安娜·韦斯迈尔(Anna Waismeyer)试图了解24个月大的孩子是如何通过模仿来识别一台简单机器的[14]。

园丁实验室
THE GARDENER AND THE CARPENTER

我们向这些孩子展示了如图4-1所示的设置。孩子们在桌子上看到一辆玩具车,车的前后方向各有一个盒子,中间是一个令人兴奋的闪光玩具。当实验者将玩具车沿着桌子移动并撞到一个盒子时,闪光玩具就会亮起来;当按照相反的方向移动并触碰到另一个盒子时,则什么也没发生。实验者将这两种情况分别重复了几次。

图 4-1　简单机器实验

这些 24 个月大的孩子最后模仿了那个有效的行为而不是无效的行为，他们很快就将玩具车撞向了正确的盒子。更重要的是，甚至在闪光玩具亮起来之前，他们就会朝它看去，好像在期待它亮起来。这一行为似乎没什么了不起，但它的复杂程度远远超出了你所期望的，类似镜像神经元的那种自动反应。

幼儿并不只是模仿任何发生了的行为，他们模仿的是导致有趣结果发生的行为。 这种模仿行为也超越了试错的学习方式。孩子们实际上并不需要亲自尝试两种方式，他们从实验者成功和不成功的尝试中很快就学到了知识。

最有趣的部分来了，我们又向幼儿展示了类似的情景：车子移动和玩具闪光，但这次玩具车自行从一边移动到了另外一边，然后闪光玩具会跟着闪光或不闪光。尽管移动的玩具车和闪光玩具之间有很强的关联性，但在这个实验中，24个月大的孩子却完全没有去推这辆玩具车。即使我们要求他们让玩具亮起来，他们也只是坐在那里。当玩具车移动时，他们甚至没有看向闪光玩具，就好像他们真的没有学习到玩具车会让闪光玩具闪光一样。

孩子们会假设，因果关系都是因为一些人所做的事情而导致的结果。观察他人，并从他们的行为结果中找出因果关系，是这些孩子学习如何自己做事的核心方式。当完全相同的事情发生时，如果没有实验者的具体行动，孩子就不太可能从中学到东西。

孩子会通过模仿来弄清楚工具是如何使用和工作的。他们只模仿有效的行为，不会模仿无效的行为。但他们并不会模仿他们看到的另一个人所做的一切，甚至不会模仿他们看到的另一个人所做的一切有效的行为。他们只模仿故意的行为。他们试图重现演员想要做的事，而不仅仅是动作本身。

假设你向孩子展示某人故意在做某件事，比如按下按钮后盒子打开了，或是偶然地做着同样的事情，比如不小心触碰到盒子或接触到按钮。那么，比起无心的行为，一岁的孩子[15]更可能去模仿故意去做的行为。

孩子还会以其他方式理解这个人的意图。比如说，如果你向一个18个月大的孩子展示一个人尝试把一个玩具哑铃的两部分拆开，但没有成功，他的手指每次都会从两端滑落。那么，孩子不会去模仿这个人手指滑落的动作，相反，他们会去模仿比较智能的那部分：亲自尝试将玩具拆开。

但就像孩子不会从自动移动的玩具车那里学习一样，如果他们看到一个机器人用钳子在轻触玩具的两端，他们就不会去尝试将玩具拆开，即使机器人的动作和人的动作完全一样，也是如此。这里的关键是，做动作的必须是人。[16]

园丁实验室
THE GARDENER AND THE CARPENTER

我们来看另外一个实验。[17]让一个18个月大的孩子看到有个用毛毯裹着双臂而无法使用双手的人用头撞盒子来让它亮起来。另外一种情况是，让孩子看到有人可以使用他们的双手，但仍然用头去撞盒子。

如果这个人的手被裹在毛毯里，那么孩子就会伸出手，用自己的双手点亮盒子，而不是用头。与其他实验一样，这些孩子似乎可以读懂这个人行动的目的。他们在想："这个人应该是因为不能使用双手，才不得不用头，但是我的手是自由的，用手点亮盒子也许是一种更有效的方式。"

另一方面，如果这个人的手是自由的，孩子就会准确地模仿他的动作，也会用头去撞盒子。这时他们似乎在想："如果这个人本来能够使用自己的双手却使用了头，那么一定是有原因的。"

随着孩子长大，这种推理会变得更加复杂。他们会将从他人那里学到的东西与从自己的经验中学到的信息结合起来。

在一个实验中，3岁的孩子[18]试图打开抽屉。抽屉或者很容易打开，或者很难打开。然后，他们看到当另一个人按下一个按钮时，抽屉会立即弹开。与没有尝试过打开那个比较难打开的抽屉的孩子相比，尝试过的孩子会更愿意模仿通过按按钮打开抽屉的行为。可见，孩子不仅考虑了其他人做事时的效率，还考虑了不同做事方式的效率。

熟练地使用工具通常包含了很多不同的细节动作，无论是相关的还是不相关的。这使得向他人学习变得特别困难。当奥吉看到我制作花生酱果冻三明治时，他必须弄清楚我是逆时针而不是顺时针拧开瓶盖的，同时还要弄清楚其他并不重要的细节，比如你是先把花生酱涂在面包上还是先把果冻涂在面包上，或是停下来用手指蘸一下美味的果冻并品尝，这些细节都不是必要的。

园丁实验室
THE GARDENER AND THE CARPENTER

在我的实验室里，我们做了一个实验，向 4 岁的孩子展示了一些复杂的动作序列[19]。实验者拿着玩具做了 3 个动作：她可能会摇动它或挤压它，或者拉开玩具一侧的拉环。之后，玩具要么会播放音乐，要么没有播放音乐。实验者这样做了 5 次，每次都使用了不同的动作序列并带来了不同的结果。

实验者总是只做 3 个动作，但有时看起来这 3 个动作好像都是必要的，有时看起来又好像你只需一两个动作就可以得到效果。例如，如果实验者在最后拉环，玩具可能总会播放音乐，但如果没有，则无论做其他什么动作都没有用。这表明你真正需要做的其实就是拉环。

如果孩子关心的是效率，那他们就会像手臂被包裹在毯子里的人还有很难打开的抽屉的实验中所做的那样，更愿意只重复那些必要的动作，例如拉环。而他们实际上就是这样做的。

这个实验还有一个有趣的转折点。我们明确地设定了一个特定的动作组合，按照组合顺序做动作就可以让玩具播放音乐。令人惊讶的是，孩子们似乎无意识地就计算出了相同的概率。如果这样做能更有效地带来想要的结果，他们会更频繁地使用这个动作组合。

所有这一切都意味着，即使是非常年幼的孩子也不仅仅是直接复制他们所看到的照顾者所做的事情。相反，他们会尝试理解这个人真正的意图，即尝试弄清楚这个人想要完成什么。

孩子模仿的是行动的目标而不是行动本身。他们假定实验者是在努力提高效率，因此，他们通过调整自己的行为来接近目标和意图。当然，他们也会将统计的数据和概率考虑在内。

所有这些都依次让我们了解到，模仿是一种特别强大而有用的方式，用来学习工具是如何工作的，从搅拌机到扫帚，到奇怪的碰撞机，再到手机，观察他人可以让孩子理解并掌握哪些动作是最重要的。

孩子拥有超越成人的创造力

事实上，在某些情况下，孩子可能比成年人更善于这种观察式的学习。我们通常认为孩子在解决问题方面会比我们更糟糕，毕竟，他们不会做午饭，也不会系鞋带，更不用说运用除法运算或是在升学考试中取得好成绩了。但是另一方面，每个家长都发现自己每天都会惊呼："他这到底是从哪里学来的！"

我们实验室的一项研究表明，4岁的孩子有时可能比成年人学得更好。[20]为了做这些实验，我们设计了一种被称为"因果感知探测器"（blicket detector）的机器，当你在机器上放置特定的积木组合时，它就会亮起来并播放音乐。之后我们向孩子们展示了在机器上放置不同积木组合时的结果，然后观察他们能否看出它是如何工作的。像小科学家一样，孩子们在分析数据和得出因果结论方面非常擅长，尽管他们是通过直觉无意识地在这样做，但还是可以找出哪些积木组合是有因果关系的，并利用它们来使机器运行。

我和克里斯·卢卡斯（Chris Lucas）、汤姆·格里菲思（Tom Griffiths）以及索菲·布里杰斯（Sophie Bridgers）一起使用了这个因果感知探测器。现在你也来尝试一下。如图 4-2 中的"测试小组"所示。想象一下，你身为一个聪明的成年人，看到我连续三次在机器上放置圆形积木块 D，结果什么都没发生，同样的情况也发生在柱形积木块 E 上。但当我把一个方形积木块 F 放在圆形积木块 D 的旁边时，机器亮了，连续两次都是如此。所以是方形积木块 F 能使机器亮灯，而圆形积木块 D 则不能使机器亮灯，对吧？

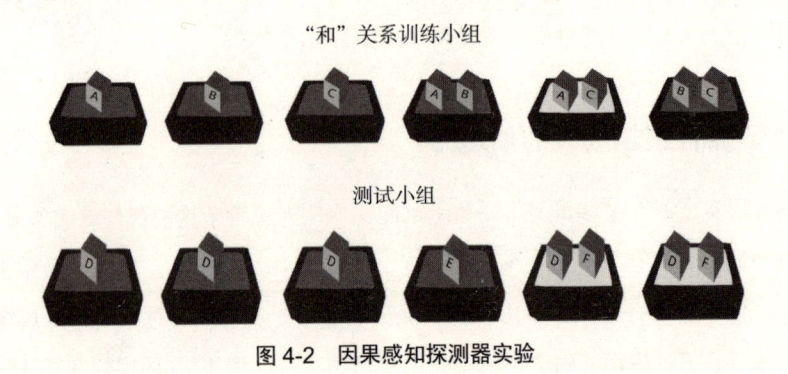

"和"关系训练小组

测试小组

图 4-2　因果感知探测器实验

其实并不一定。如果单个积木块具有让机器亮灯的能力，那么这个结论就是正确的，即圆形积木块 D 或者可以让机器亮灯，或者完全不能让机器亮灯。这是一个显而易见的想法，也是成年人首先会想到的想法。但是机器的工作方式可能是不寻常的。它可能需要两个积木块的组合才能工作，就跟我家那个烦人的微波炉似的，只有当你同时按下"烹饪"按钮和"开始"按钮时才会开始工作。所以在刚才的实验里，也许方形积木块 F 和圆形积木块 D 都起着作用，但可以确定的是，它们必须一起放上去才行。

假设我还告诉你，一个三角形积木块 A 单独放上去不会起作用，一个矩形积木块 C 单独放上去也不会起作用，但是当你把它们放在一起时机器就会亮起来，就像图 4-2 中的"'和'关系训练小组"一样。这应该能告诉你，机器遵循的是一种不寻常的组合规则而不是明显的单个积木块规则。如果是这样的话，你会改变刚才对方形积木块 F 和圆形积木块 D 的看法吗？

我们向 4 岁和 5 岁的孩子以及加州大学伯克利分校的本科生展示了这种工作模式。首先，我们向他们展示了三角形和矩形同时起作用的模式，在这种情况下，机器有可能会遵循不寻常的组合规则工作。然后向他们展示了模糊的圆形和方形的工作模式。

孩子们明白了。他们发现机器可能在以一种不寻常的方式工作，他们称这两个积木块为因果积木块，并且知道应该将两个积木块放在一起。但是，那些最优秀、最聪明的学生呢？即使我们向他们展示了机器可能在以不寻常的方式工作，他们依然认为机器应该遵循那种常见且显而易见的规则运行。

同样的现象是否不只出现在积木块和机器这个例子中呢？我们同时在其他几个实验里也发现了这种模式，即年轻的学习者在找出不太可能的规则方面比年长的学习者要更好。这可能反映了孩子和成人之间存在着一种更普遍的差异。[21] 孩子可能特别善于思考不太可能发生的可能性，而成年人因为已经知道了大量关于这个世界是如何运作的信息，反而更依赖于通过已知的信息来分析问题。

孩子和成人之间的这种差异反映了我之前谈到的关于"探索式"与"运用式"学习方法的对比。在"运用式"学习中，我们尝试快速找到最有可能当下就能解决问题的方案；而在"探索式"学习中，即使不能马上找到答案，我们也会尝试很多的可能性，甚至包括不太可能奏效的那些。如果我们想要在复杂的世界中茁壮成长，这两种学习方式都需要。

童年似乎旨在开发出创新能力和创造力。成年人更坚信那些经过考验、证明是可靠的方法，而 4 岁的孩子一直奢华地享受着寻找和探索这个奇妙世界的能力。

过度模仿，抓住"权威"的每一个细节

在这些研究中，孩子通过观察来弄清楚事物怎样可以更有效地运作，这个过程中，他们还展现出了惊人的创造力。但其他一些研究似乎又与这种印象相矛盾。幼儿模仿行为的魅力来自他们不仅模仿其他人所做的有用部分，还模仿所有的装饰和花边行为，即那些华而不实的行为。奥吉会精确而夸张地重复我搅拌蛋液时的手腕动作，还会使用精准的、教授般的语气说："客观来讲的。"

一些对孩子的模仿行为更系统的研究也证实了这一点。孩子不仅会模仿，而且还会过度模仿。

园丁实验室
THE GARDENER AND THE CARPENTER

在一项经典的研究中，维多利亚·霍纳（Victoria Horner）和安德鲁·怀滕（Andrew Whiten）[22]分别向孩子和黑猩猩展示了一个拼图盒，里面有一些食物和一根可以用来拿到食物的棍子，你可以用棍子推开挡在食物前面的门板，很显然这与获取食物相关。但是其他方式，比如将棍子放进盒子顶部的一个孔洞里，似乎就没那么相关。

孩子和黑猩猩看到实验者执行了相关的动作，即推开门板，但也看到实验者执行了很多并不相关的动作，例如将棍子放进孔洞中，实际上，获取食物并不需要这个动作。孩子模仿了实验者所做的一切，而不只是选择那些相关的动作进行模仿。黑猩猩的行为却不同，它们在某些方面比孩子更聪明，它们只重复了可以带来正确结果的动作。

这是否表明孩子真的只是在盲目地重复他人的动作呢？事实可能恰恰相反。过度模仿可能是体现孩子有多成熟的标志。有时，模仿别人行为里所有不必要的细节也是有道理的。

比如说，如果你正在观察的是一位试图精确演示如何做某事的专家，那么过度模仿就是有道理的。还记得祖母做蓝莓派时那非常明显的搅拌蛋液的手腕动作吗？她其实是在传达一些关于如何搅拌蛋液的重要知识，虽然这一点不是很明显。

其实这背后是有原因的：将蛋液充分打发能让更多的空气融入其中。还有一个潜在的原因，祖母这样做很可能是因为曾祖母也是这样做的，因为曾祖母在烹饪上擅长炖肉，同时还擅长做蝴蝶结意面，这个打蛋法最终会追溯到朱莉娅·查尔德（Julia Child），而不是过去几代的高普尼克家族成员们。

通过这些细节的学习，奥吉实际上会学到一些超出他已知范畴的东西。他知道如果把整个鸡蛋放在一起搅拌，蛋清和蛋黄就会结合在一起。但他还不知道的是，如果充分搅拌蛋液，它们就会变得比较蓬松。

因此，如果你认为在教你的可能是一位专家，那么过度模仿就是有道理的。当我试图模仿我儿子用手机发短信时，我也会这么做，包括模仿一些让我感到困惑的无谓细节，而令人尴尬的是，这些细节往往是不必要的。但对于奥吉来说，至少到现在为止，祖母仍然算是一位专家。

为了验证这个想法，我的实验室重新做了我之前描述的那个对玩具进行三次不同操作的实验[23]。不过这一次，我们将实验者是否是专家这部分做了改变。在之前的实验中，实验者表现得像是完全没有头绪，感觉并不知道玩具是如何工作的。她会说："这个玩具是怎么工作的？我不知道，这很奇怪，让我们试试这个。"而在新的实验中，她会说："我知道这个玩具是如何工作的，让我来告诉你。"

当实验者说她不知道玩具是如何工作的时候，孩子们就能高效、聪明且很有创造性地去行动，他们只模仿那些必要的动作；但当实验者表示自己是专家时，孩子们则忠实地模仿了她行为的每一个细节，无论是否有必要。

孩子对老师的意图非常敏感这一事实使他们变得有些愚蠢，或者至少要比本来应有的样子愚蠢一些。换句话说，孩子关于教学的理解，以及想弄清楚老师想要什么时的聪明才智，使他们在实际学习中变得更糟。

这是一个悖论，而且任何一位大学教授都知道，这样的状况不仅局限于3岁的孩子。

事实上，年幼的孩子似乎认为其他人就是要教给他们关于这个世界的重要事情，除非他们得到相反的直接证据。当我们只是向孩子展示实验者在玩具上的行动而没有说明她是否在试图教他们时，孩子们就会模仿不必要的动作。就好像，孩子会默认成年人具有特殊的专业知识，而实验者正在试图传递这种专业知识。这也许可以解释为什么在霍纳和怀滕的研究中，孩子们重复了那些不相关的动作和行为。

仪式模仿，找到文化归属感

过度模仿在另一种情境下也是有意义的。人类会参与仪式，从周日早晨的足球赛到下午茶会再到午夜弥撒。仪式是一种自身毫无意义却具有重要社会功能的行为。通过严格的规定和执行极其具体的操作，你可以识别出你是谁，以及你属于哪个群体。

事实上，你可以通过参加合适的仪式而成为一个不同类型的人。我穿着一件滑稽的婚纱，戴着戒指做了很多需要精心构思的事情，于是我成了一位妻子；我在牛津大学那座令人印象深刻的由克里斯托弗·雷恩（Christopher Wren）设计的建筑中，慢慢地走过了一条长长的走廊，一名穿着滑稽袍子的男人用他的帽子轻轻地拍了一下我的头，于是我成了博士。滑稽的衣服似乎在仪式中起着特别重要的作用。

仪式的主要意义在于它们没有普遍的因果关系。它们之所以有效，恰恰是因为它们脱离了普通的效率原则，这种原则在我到目前为止谈到的实验中解释了孩子的模仿行为。我曾经犯过一个严重的错误，在口渴并且特别想喝茶的时候参加了一场日本茶道表演。要知道，只有当你不指望必须得到有用的结果时，茶道的仪式之美才更容易被欣赏。

如果我用筷子夹起了我的食物，那只是意味着我知道如何有效地使用工具。但是，像大多数阿拉伯人一样，我只使用右手，而不使用左手。甚至更奇怪的是，我可能也像大多数美国人一样，只用右手拿叉子，也只用右手拿刀来切割食物，因此每当吃饭需要切割食物时，我都需要把叉子和刀子换手拿。

奇怪的饮食方式并没有帮助我获得更多的食物，但它们确实告诉了你一些关于我是谁、我的种族、宗教或民族的信息，以及我是否知道并遵守我所属的群体规则，还是根本就无视它们。我能想到至少在两部电影中，美国的间谍被发现都是因为他们使用了我刚才描述的非常详细的刀叉仪式，这与欧洲人不同。你甚至可能都意识不到自己在这样做，但下次你执行秘密任务时一定要记住这个。

在文化演进的过程中，传递仪式似乎与传递技术一样重要。事实上，你可能认为仪式就是技术，但它们是社交技术而不是物理技术。当你使用工具时，你会影响物理世界：用叉子叉住食物就可以将其放入口中。但是当你使用仪式时，你会影响社交世界：将叉子从左手换到右手告诉了其他人你是美国人。仪式是专门为你和其他人在沟通时，告诉他人你是属于哪个特定社会群体而设计的。

即使是非常年幼的孩子也对仪式很敏感。[24] 事实上，孩子会通过一个行为是否缺乏因果关系中的结果来辨别这个行为是否是一种仪式。在一项实验中，孩子们看到一个成年人展示了一系列复杂的动作，这些动作有一个最终的结果，比如在空中挥动笔，旋转它，然后将它放在一个盒子里。孩子们则相当直接地把笔放在了盒子里。

但是当这个动作似乎毫无目的时，例如，当实验者把笔从桌子上拿下来，旋转之后精心地把它放回原先的地方时，孩子们就更有可能坚持复制每一个动作细节。

当孩子以这种方式模仿他人的行为时,他们不仅会说"我看到它是如何运作的"或"我看到你知道这一点",而且会说"我知道你就是那种人"。

园丁实验室
THE GARDENER AND THE CARPENTER

在一项针对3岁孩子的实验中,两名成年人展示了拼图盒的工作原理[25]。其中一人只执行了相关的操作,另一人则添加了不相关的操作。然后成年人离开了房间,只有一个人返回并将玩具交给了孩子。如果是执行不必要操作的那名成年人给孩子玩具,孩子们就会模仿不必要的行为。但是当另一位只执行相关操作的成年人给孩子玩具时,他们就没有模仿不必要的行为。孩子们似乎是这样想的:"我知道不必那样做,但我想这就是她的做法,所以我想让她开心一下。"

有一个关于女王的故事,可能是维多利亚、伊丽莎白或威廉明娜,总之她接待了一个前来访问的外国人,这个人可能是非洲人、波斯人或美国人。他们在共进晚餐时,这个外国人从洗指碗里喝水。女王看到他失礼的行为,却也小心翼翼地从自己的洗指碗里喝了一口水,女王的举动让当时在座的客人纷纷效仿。而3岁的孩子表现出了同样的皇室礼貌。

孩子更有可能完全模仿跟他们相像的人。还记得那个用头撞盒子的实验吗?在一项类似的研究中,14个月大的婴儿看到的这个人讲的可能是他们的母语,也可能是另一种语言。[26] 当这个人讲的是孩子的母语时,他们就会用头撞盒子;当这个人讲的是不同的语言时,他们就会用自己的双手。孩子们似乎认为他们只应该精确模仿像他们一样的人。

所有这些实验都表明,即使是非常年幼的孩子,除了了解他人行为中更实际、有用的方面之外，他们还能认识到他人所做的更具象征意义和仪式意义的方面。

孩子的模仿远非简单的重复，实际上是微妙、复杂且经过良好设计的，有利于文化学习。

非常年幼的孩子也会向他人寻求有关世界如何运作的信息。他们关注因果关系和可能性，他们可以将自己的经验与对他人的观察结合起来，以最明智、最有效的方式实现目标。事实上，他们比成年人更具创造性和创新能力。

孩子对模仿对象的意图和目的也很敏感。他们关注的是人们想要什么，同时也关注这个人知道什么，以及是否具有专业知识。所有这些都意味着孩子能够很好地学习前几代人所掌握的最重要的工具和技术，并充分利用前几代人发现的信息。

但是，文化在传达有关物理世界信息的同时，也传达了有关社会世界的信息。我们传递的信息包括我们是哪种人、归属哪一群体、秉持什么传统、参与何种仪式，比如如何使用叉子。婴幼儿对社会事实很敏感，他们模仿的方式取决于他们和谁在一起，以及是否认为那个人就像他们一样。

到目前为止，我描述的研究中的孩子都是美国和欧洲中产阶级的孩子。他们来自心理学家所称的"WEIRD"[27]文化①。那么其他文化中的孩子呢？跨文化心理学家芭芭拉·罗戈夫（Barbara Rogoff）[28]认为，其他文化中的孩

---

① "WEIRD"为白人（white）、受过教育（education）、工业化（industrial）、富有（rich）和发展（developed）这几个词的首字母简写。

子和过去时代的孩子实际上更有可能通过观察和模仿来学习。

罗戈夫研究了那些生活在正规学校相对较少的小规模农村里的人，例如生活在危地马拉基切省的玛雅印第安人。她发现这里的父母认为，即使是非常年幼的孩子也可以通过观察其他人的行为来学习复杂的任务。他们似乎是对的。玛雅孩子会参与、模仿并掌握那些困难、危险的成人技能，如制作玉米饼或使用砍刀，而这些技能是我们永远也不会想到要教给幼儿的。

这些社群的父母放慢节奏、夸大自己的动作，并以一种让孩子更容易参与的方式行事。但他们没有设计特殊的行为或者做什么特殊的事情来教育孩子，他们只是为了完成工作，同时，孩子会在一旁学习。

事实上，在系统研究中，罗戈夫和她的同事发现，这些社群中的孩子比美国孩子更善于从观察和模仿中学习。[29] 一些 5～10 岁的孩子看到一名成年人教他们的兄弟姐妹如何制作折纸人。这名成年人只是告诉那些孩子等一下就会轮到他们，让他们稍等。与美国孩子相比，玛雅孩子会更加关注兄弟姐妹在学习时所发生的事情。当轮到他们的时候，他们已经学到了很多关于制作这个折纸人的技巧，因而更快地学会了其余部分。而美国孩子似乎只在老师单独关注他们时才学习，老师在关注其他孩子时，他们就不学了。

在另一项实验中，三个孩子同时从一位老师那里学到了东西。与美国孩子相比，玛雅孩子更能同时关注自己正在做什么、成年人在做什么，以及其他孩子在做什么。

和孩子一起做，而不是"照我说的做"

这对父母来说意味着什么呢？过去的命令方式是：照我说的去做，而不是照我做的去做，这在幼儿面前是不太管用的。孩子不仅会像你做的那样去做，还会按照你想要做的去做，就像你真正应该做的那样，还会以对你来说最合理的方式去做。如果你知道自己在做什么，他们会做他们认为你应该做的事，即使你不知道自己在做什么，他们也会继续做他们认为你应该做的事。当你尝试通过仪式展示自己是一名优秀的美国人或一名优秀的阿拉伯人时，他们就会像你一样去做。在这些过程中所展现出来的微妙不同，他们都能区分出来。

育儿专家总是会叮嘱父母或是父母一方，或者更常见的是妈妈，在与孩子独处时，应该给他们展示一系列的动作。父母应该做一些只针对孩子的事情，而这些事情是父母在其他任何情况下都不会做的，比如拿起卡片给孩子指出卡片上物品的名字。甚至有一些应用软件也会向父母推送此类建议。

但是对孩子来说，观察和模仿技术娴熟的父母和其他人本身就是一种教育。无论这些行为是用小汽车撞东西还是用头撞盒子，是制作玉米饼还是砍柴，是烹饪还是园艺，是照顾孩子还是与成年人交谈，是喝茶还是使用叉子，都是如此。孩子不仅从其他人身上学习，还要学习了解其他人。观察他人采取行动的方式可以教会孩子有许多不同种类的人，也可以帮助他们决定自己要成为一个什么样的人。

当然，这说起来容易做起来难，尤其是如果你像我一样，真正有机会做的唯一熟练的动作就是敲打键盘。但即使像我这样可怜得只会敲打键盘的人也会做饭和清洁、散步和购物、阅读和打理花园、唱歌和说话，将婴幼儿融入这些日常活动之中并不困难，即使对玛雅孩子的照顾者来说，也只是意味着将行动放慢一点。无论如何，这可能对我们所有人都好。

与婴幼儿一起生活的景象回应了我之前提到的关于照顾作为一种爱、一种关系而不是一种工作形式的观点。再想象一下婚姻或友谊指南。就像你不会用婚姻对你另一半的影响来衡量自己婚姻的成败一样，你也不会在对另一半做了特定活动之后，再衡量这些活动是否达到了预期的效果。甚至连你正在考虑要进行的活动也不会，毕竟，共同协调的行动才是重点。

在实践中去爱的关键是一起做事，无论是工作、养育孩子、散步还是烘焙蛋糕，都要以适应你们两者优点和缺点的方式参与世界。

还有一种不将照顾视为工作或学校式教育的方式。一些进化理论家认为音乐和舞蹈是一种促进社会关系的方式。[30] 你不能简单地让另一个人以同样的方式移动并将其称为跳舞。舞蹈涉及一个人和另一个人动作之间的来回，每个人的动作都要呈现精细的协调。

观察和模仿的来回更像一种熟练的协调，而不是一种目标导向性的活动。喜欢跳舞，这是一种爱，而不是一项工作。

THE GARDENER AND THE CARPENTER

05
边听边学

Fundamental relationships of trust are more important than teaching strategies.

亲子关系中最基本的信任要比教养方法更重要。

几乎所有的动物，甚至是鼻涕虫，都可以通过反复试错来了解世界。聪明的动物，比如乌鸦还有灵长类动物，也可以通过观察其他动物来学习。正如我们看到的，人类的孩子把通过观察和模仿来学习的方式提升到了一个全新的层次。他们普遍采用模仿的方式来探索这个世界、其他人还有自身文化的运作方式。但是除此之外，孩子还有一个人类独有的学习方式。由于我们使用语言，所以我们可以通过与他人交谈的方式来教授知识，同样，我们也可以通过倾听来学习。

事实上，我们所知道的大部分事情都来自倾听、阅读或是网络。我们知道很多发生在千里之外或很久之前的事情，这些事情或大或小，但都无法通过直接观察来获得。巴黎是法国的首都，哥伦布于1492年出海远航，世界是圆的……这些基本事实的获得都仰仗别人的见证。

许多知识只能通过语言来获得。关于语言本身，例如想知道一个词或一句话的意思，也必须通过语言来学习。这也是获得虚构、神话或宗教知识的唯一途径。我知道哈利·波特的额头上有一个闪电状的疤痕，但我只能借助语言载体间接地了解到。

从他人那里学习可能看起来很简单，就像模仿似乎很简单一样。但是，当你仔细考虑这个问题时，就会发现它其实很复杂。有些人比其他人更可靠，比如，听取诚实专家的建议就比听取肤浅、可疑的人的建议要好得多；同一个人，有时可能是博学的，有时可能是无知的，或者可能对某些事实比较自信，对某些事却将信将疑。他们所说的话可能正好和我们已知的信息一致，也有可能互相矛盾。我们通过语言学到的东西很多都是间接的，我们是通过细微、复杂的方式，从他人说话时的语调、手势、词语的选择或微妙的语法结构中得出结论的。

最近的研究表明，即使是非常年幼的孩子也对这些细节很敏感，并且可以广泛地从他人所说的东西中学习。这与人们的一般想法是吻合的，即跟孩子讲话、给孩子读书是有好处的。

事实上，这是少数几个经过明确验证的事之一，照顾者可以有意识地去做，且能真正产生意义。由贝蒂·哈特（Betty Hart）和托德·里斯利（Todd Risley）在20世纪70年代所做的一组著名的研究表明，不同家庭使用的对话和语言存在惊人的差异，[1]这些差异同时也反映在孩子的语言中。与家庭条件稍差的父母相比，中产阶级父母和孩子的交谈更多，这样做的结果是，他们的孩子也会更愿意交谈，从而学到了大量的词汇。

但是超过此范围，有意识地规划你要说什么是不太可行的，对孩子来说也不会有多大影响。孩子经常可以更好地解读你所说的话和你真正想表达的意思，甚至超过你自己的理解，即使这两者可能并不相同。

依恋模式决定孩子更相信谁

在过去10年中，有一项引人入胜的研究，关注的是孩子是如何从别人的证言中学习的。[2] 研究的基本方法是给孩子看两个人，这两个人给出的信息是互相冲突的。例如，你可能会向孩子展示五金店中一个不常见的小工具。一个人说这是一个 fep，另一个人说这是一个 dax。然后你问孩子这个小工具叫什么。孩子会如何决定该相信谁，又该从谁那里学习呢？

事实证明，幼儿更有可能从熟悉的照顾者那里获得信息，[3] 比如父母或幼儿园老师，而不会选择相信那个不太熟悉的人。即使在他们两岁之前，只要妈妈说这是一个 fep，孩子就会说这是 fep，而忽略陌生人的话。

更出人意料的是，孩子与照顾者之间的特定关系也影响着他们决定相信谁。"依恋"这个词是心理学家对"爱"的描述，依恋研究者研究了婴儿对照顾者的感受，尤其是他们对爱的感受。心理学家通过观察一岁大的婴儿与他们的照顾者分离[4] 然后再团聚时的反应来了解他们对爱的感觉。

当母亲离开时，"安全型"的婴儿是不快乐的，当母亲回来时，他们就会快乐起来。相反，"回避型"婴儿的表现是，当母亲离开时，他们的视线就会离开,即使母亲回来了,他们也会继续回避,不去看她。这些孩子的行为表现得好像他们根本不在乎,但是在心理学上有一个悲伤的发现,当你测量回避型婴儿的心率时,便会发现他们实际上是非常不安的,他们已经学会了如何隐藏自己的感受。另一方面,"焦虑型"的婴儿在母亲离开之后和返回之时,作为急需爱来呵护的婴儿,他们都表现得非常伤心。

虽然这些研究通常是和母亲一起进行的,但是与父亲、祖父母或其他照顾者所做的实验,也得出了类似的结果。[5]事实上,婴儿对不同的照顾者可能有不同的依恋关系。他们可能和父亲在一起时会感到安全,和母亲在一起时却比较焦虑。依恋模式是婴儿的表现与成人对婴儿的反应之间复杂的相互作用的结果。[6]

婴儿的这些不同表现提供了非常强大的信息。至少在统计上,这些差异甚至可以预测孩子成年后的爱情生活会是怎样的,尽管也有不少例外。[7]你大概已经可以想到,你认识的成年人中,谁更倾向于拥有回避型或焦虑型的关系了。

令人惊讶的是,这些早期的关系也预测了几年后孩子将如何学习。

园丁实验室
THE GARDENER AND THE CARPENTER

研究人员研究了一组婴儿,并确定了他们一岁时的依恋模式。[8]当这些孩子4岁时,研究者给他们做了小工具实验。妈妈说,这个小工具是一个fep,另一个陌生人却说这是一个dax。同时做了另一个实验。这一次,孩子们看到了一只杂交动物,一只"鱼鸟",这只动物大部分时候看起来像鸟,但有时看起来又像一条鱼。妈妈把它叫作鱼,而陌生人把它叫作鸟。两个答案都可能是正确的,但陌生人正确的可能性更大。

安全型的孩子在小工具实验中说那是 fep，可见，当任何一个人都可能正确的时候，他们选择向妈妈学习，而不是向陌生人学习。但在鱼鸟实验中，他们说那是"鸟"，可见，当陌生人更有可能正确的时候，他们选择跟随陌生人。

但是回避型孩子的行为却有所不同：他们说 fep 和 dax 的比例几乎相等，也就是说，他们从陌生人那里学习和从妈妈那里学习的情况几乎一样多。那些焦虑型孩子的表现也有所不同：在鱼鸟实验中，即使妈妈可能是错的，他们也选择相信妈妈的话。

因此，对不同的照顾者有不同感受的孩子，从照顾者身上学习的方式也是不同的。而教养模式则暗指，我们可以通过与孩子进行不同方式的交谈来塑造孩子获取的知识。但是孩子自己也在诠释着他们听到的东西，他们会根据非常普遍类型的信息来诠释，而这些信息是我们无法有意识地控制的。因此，一个稳定、安全的爱的基础要比与父母说话的细节更重要。

你的孩子为什么不信你的话

随着孩子年龄的增长，他们开始对与他人交谈时的更多细微之处变得敏感。孩子可以感知到别人在说话时有多自信。如果两个人提出相互争论的观点，那么即使是 3 岁的孩子[9]也会选择相信那位说话时更有自信的人。如果 4 岁的孩子[10]听到一个有知识的人提出什么主张，相比那些无知的人，他们更有可能相信这位有知识的人。而 5 岁的孩子[11]则会考虑到更具体的知识分类，他们更可能相信医生对医学的评价，或者工程师对机器的评价。

孩子对共识也很敏感，[12]他们会注意到在争论时双方分别有多少人。当

4岁的孩子听到3个人说那个小工具是fep,而只有一个人说那是dax时,他们就会选择fep而不是dax。大多数时候,这是一个很好的策略,毕竟更多人认为的更有可能是真的,但并不总是如此。足够的社会压力也会让大人和孩子都不敢相信自己的亲眼所见。

园丁实验室
THE GARDENER AND THE CARPENTER

发展心理学家保罗·哈里斯(Paul Harris)[13]向三四岁的孩子展示了三条线,并要求他们挑选出最长的一条。孩子们很擅长做这些。即使他们看到一个成年人错误地挑选了中间长度的线,也还是会选择最长的线。但是如果3个大人都错误地选择了中间长度的线呢?大约1/4的孩子改变了主意,跟随了成年人的选择。

这似乎令人不安,但孩子其实并不孤单,大人也会犯这样的错。社会心理学对"从众效应"[14]的研究有许多结果,至少有些成年人在足够多的人提出相反观点时,也会改变自己的观点。

在三条线这个实验中,孩子和大人都应该相信自己的经验。但这不是那么容易做到的。通常我们会用自己的经验来学习一般性的原则,这些原则可以帮助我们预测未来会发生什么事。就像哲学家约吉·贝拉(Yogi Berra)认为棒球是一项难以预测结果的运动,对未来的预测就更难了。哲学家大卫·休谟(David Hume)可能还会补充说,当你必须对可能性而不是确定性做出预测的时候,也会很难。我们生命中的大部分事情,甚至棒球以外的事情,都是不确定的。

在我的实验室里,我们一直在研究孩子是如何学习对这种可能性做出预测的。我之前谈过因果感知探测器的实验[15]。孩子只要观察你把积木放在机器上时发生了什么,就可以非常熟练地弄清楚是哪块积木在使机器运转。

当然,如果有人能简单地告诉孩子是哪块积木在使机器运转,那将帮他们一个很大的忙。我们希望看到孩子是如何将这种语言信息与他们在观察这些积木时所获得的统计信息结合起来的。

我们特别关心孩子是如何处理冲突和不确定性的。[16] 在马克斯兄弟(Marx Brothers)的电影《鸭羹》(*Duck Soup*)中,奇科(Chico)问玛格丽特·杜蒙(Margaret Dumont):"你会相信谁?我,还是你自己的眼睛?"我们问了孩子同样的问题。

在孩子看到积木演示之前,两位实验人员中的一位走进房间,跟他们讲了一下这些积木。其中一位自信地说:"我知道这台机器是如何工作的。我以前玩过这个盒子。红色的积木总是能让它工作。"或者是另一位研究人员更加试探性地说:"我从来没有玩过这些积木,我不知道它是如何工作的,但我猜测,红色的积木总是能让它工作。"然后,我们观察孩子会选择哪块积木。

结果往往是孩子们两个人都相信。即使实验人员是试探性的并说只是在猜测,相比蓝色,孩子还是会更多地选择红色积木块。但是,结合我之前描述的研究,比起没有经验的人,孩子更可能相信自信和有知识的人。

> 年幼的孩子比成年人更容易轻信别人,更容易让说话者在这种不确定中获益。但即使是 4 岁的孩子也并不是简单地相信别人,他们会通过观察这个人有多自信来区分他们的可信程度。

我们想扩大研究范围，看看如果证言与孩子自己的经验相抵触时会发生什么。为了做到这一点，我们向孩子展示了蓝色积木块在3次中有两次可以使机器工作，[17] 红色积木块在6次中有两次使机器工作。然后，我们把积木交给他们说："你可以让机器工作吗？"在其他实验中，我们出乎意料地发现，即使24个月大的孩子也会选择更可能使机器工作的那块积木。这些孩子甚至还不能有意识地进行加减运算，却会使用概率模式对未来做出合理的预测。

这一次演示的结论与前面研究人员所说的相矛盾，孩子们似乎把自己的亲眼所见和说话者的证言区分开了。当说话者是无知且不确定的时候，孩子们会按照自己之前看到的事实去选择。但是当说话者自信且知识渊博的时候，孩子们看起来很矛盾，他们只有一半选择了"正确的"积木块。他们在不确定时，似乎更相信自信的人。说到底，与三条线实验不同的是，无论如何，这些积木块到底多有效，仍然具有不确定性。

这会如何影响孩子下一次相信谁的决定呢？其他实验表明，即使是4岁的孩子也会注意到某人的可信程度。[18] 假设你向孩子展示两个人给一些熟悉的物体命名，比如叉子和勺子。一个人说出正确的名字，另一个人说出错误的名字，把叉子叫作小刀，把勺子叫作叉子。然后你给孩子看一个奇怪的小工具，那个之前正确的人说："这是一个fep！"而那个之前错误的人说："这是一个dax！"即使3岁的孩子也会说这个小工具是一个fep。他们相信之前正确过的人，正如他们相信自信或知识渊博的人，或是专家，或是他们最爱的人一样。

为了测试这一点，我们把之前说过话的实验人员带了回来，声明说现在有两个新的积木块。由于孩子们之前见过他们犯错，所以就不太相信他们，也不太会选择他们认为正确的积木块。

这个实验还有一个转折。相信一个更自信的人是有道理的，但是，如果有人说得很自信并自我肯定，但很多时候却是错误的呢？我们都知道确实有这样的人，特别是在学术研究领域。实际上，你应该对这样的人少一些信任，而对那些更谦逊并对自己的局限性实事求是的人更有信心。了解你自己，知道你自己是否真的知道，与了解红蓝积木块同样重要。

孩子们对一个自信但经常犯错的人会作何反应呢？在实验的最后，两位实验人员都回来并用同等自信的口吻说："我知道这些积木块，红色积木块比较好。"理性地去理解，你可能不相信之前很有自信却经常犯错的人。但是孩子们对这个过分自信的人并没有比对谦虚的人更怀疑。与大人相比，孩子似乎更容易被"吹牛大王"欺骗。[19]

进化对人类漫长童年给出的解释是：孩子被设定为要向上一代学习。新的研究表明，实际上，孩子从他人那里听到并吸收信息的速度非常快。

> 孩子就像海绵，但他们并不是随意的海绵，从很小的时候开始，他们就会判断其他人是否可信和可靠。随着他们越来越了解别人，也学会了调整自己相信或者怀疑他人的程度。

孩子知道虚构和假想不是现实

孩子会通过倾听他人来了解真实世界的知识，同时也会学到这个世界不真实的一面，比如小说、宗教、神话和魔术。故事在人类文化中无处不在，给孩子讲故事也是尤其常见的行为。

园丁实验室
THE GARDENER AND THE CARPENTER

波莉·维斯纳（Polly Wiessner）是一位人类学家，20世纪70年代，她在非洲的博茨瓦纳和纳米比亚与朱·霍安西人一起生活，这些人仍然保持着觅食的习惯，就像我们的祖先一样。

维斯纳记录了他们的谈话并分析了至少包含5个朱·霍安西人的所有对话，这必定是《美国国家科学院院刊》上最有诗意的一篇文章。维斯纳把他们白天在篝火旁如何谈话和夜晚在篝火旁如何谈话进行了比较。

朱·霍安西人白天的谈话非常像现代办公室里的谈话。他们谈到了必须要做的工作，也有闲谈，还会说一些粗鲁的笑话。维斯纳形容他们34%的谈话是"CCC"，即批评（criticism）、抱怨（complaint）和冲突（conflict），和我们熟悉的抱怨和发牢骚一样，偶尔会爆发出彻底的仇恨，这显然是职场政治永恒的流行方式。

但是当太阳落山时，男女老少都会聚集在篝火旁，谈话的内容也会改变许多。81%的时间里，大家会讲有关他们认识的人的故事、过去几代人的故事，以及居住在遥远村庄的亲属的故事，还有精神世界里的故事，甚至包括那些被人类学家形容为怪异生物的故事。特别是一些年老的男人和女人，他们在白天里不再像年轻时那么高效地劳作，到了晚上就成了主讲故事的大师。他们的听众，包括孩子，都跟随着故事欢笑、哭泣、唱歌、跳舞，直到不知不觉进入梦乡。大约在凌晨两点，有些人会再次醒来，扇动篝火余烬，再继续多聊一些。

这样的夜间谈话呈现出人类一些最独特的能力：想象力、文化、灵性和"心智理论"。在篝火旁，朱·霍安西人谈到了空间、时间还有遥远的人和事，他们将文化智慧和历史知识传授给了下一代，同时探索了他人神秘且细微的心理差别。

朱·霍安西人的孩子和成年人一样对故事很着迷，这表明故事在很长一段时间里对孩子的生活发挥了重要作用，估计是从人类文明开始时就有了。孩子会为故事着迷，同时也会自己创造故事，这种能力似乎既古老又基本。

孩子从 18 个月大的时候起，就本能地沉浸在梦幻般的假想游戏中。这个能力出现在这个年龄的原因并不完全清楚，但它可能与开始说话有关。

我对天堂的想象就是和一个 3 岁的孩子坐在篝火旁的沙发上，一杯可可，还有一摞绘本，当然坐在花园里的大藤椅上，再配一杯柠檬水也很不错。但是，如果你像我一样，也曾花费大量时间为年幼的孩子阅读绘本，那你可能会想知道，孩子是否能够分清现实与想象之间的区别。

在阅读绘本的时间里，奥吉听到了真实又熟悉的事物，像猫和狗，也听到了真实但不熟悉的事物，像鳄鱼和长颈鹿，还听到了真实但只出现在历史里的事物，像恐龙、骑士、煤炭与蒸汽火车。当然，他也会听到那些让人恐怖得直咬牙齿的野蛮事情，比如巨人厨师在夜晚的厨房里烤早晨的蛋糕，还有穿着蓝色夹克、爱喝甘菊茶的彼得兔。

有一次我在去英国旅行的途中，在 Skype 上和奥吉通了电话，Skype 是那个"小书呆子"送给祖母的礼物，我询问了他的近况，然后奥吉严肃地告诉我托马斯小火车还在特尔福德的小屋里睡觉，而不是任何关于妈妈或者爸爸的新闻。3 岁时，奥吉痴迷于托马斯，一个来自遥远国度的像人类一样的蒸汽火车。他究竟是如何看待这一切的呢？

对于成年人而言，虚构和想象的世界具有哲学家称为不同的本体地位，是与事实和现实世界不同的存在方式。彼得兔和托马斯小火车在某种意义上是存在的，但不像奥吉、爸爸和祖母那样。

事实上，形而上学比这更复杂。在虚构和想象的世界与事实和现实的世界之间似乎存在着许多不同的世界。当人们说自己相信魔法时，意味着他们认为这些信念有某些特殊之处。相信超自然不同于相信世俗里真实的事情，但它也不仅是指假装或参与虚构世界。

但是孩子会通过倾听他人来了解所有这些，无论是真实的还是虚构的。他们究竟是如何理解这一切的呢？

很长一段时间里，心理学家认为，孩子对所有这些不同的类别基本上都会感到困惑，他们无法将想象和现实或魔法和事实区分开来。许多家长仍然相信这一点，而且让孩子区分事实和想象有时候还是教养目标之一。但最近的研究表明，即使是最小的孩子，其实也很擅长感知这些可以使历史、事实和现实从幻想和虚构中区分出来的微妙线索。

杰奎琳·伍利（Jacqueline Woolley）[20]和她的同事一直处于调查孩子对幻想、现实和魔法是如何理解的前沿。伍利发现，孩子从自己会假装的时候起，似乎就不会混淆假装和现实、事实和虚构了。孩子会告诉你，一只真正的猫可以被许多人触摸和看到，而假装或想象的猫不能。在我们实验室的一个实验中，我们要求孩子将卡片上的故事事件分为"真实"和"只是假装"两类。结果发现，即使是3岁的孩子也会把这样的事情，比如跟一棵树说话，列入"只是假装"的类别里，而像撞到树上这样的事件，则会被他们列入"真实"的类别里。

孩子似乎看起来很困惑，因为他们对故事有很强烈的情感反应，包括他们自己编造的故事。面对一个躲在床上发抖并指着壁橱说里面有怪物的孩子，你会相信他其实并不认为怪物真的存在吗？但毕竟，我自己也可以被汉尼拔·莱克特（Hannibal Lecter）吓倒，或者为达西先生感到难过。娜塔莎·罗斯托娃（Natasha Rostova）和伊丽莎白·贝内特（Elizabeth Bennet）在我的女性成年期也发挥了与我任何一位真实朋友同样重要的角色，但我不会查询伊丽莎白·贝内特的电子邮件或追踪汉尼拔是否仍然在监狱里。同样，即使是最小的孩子也会以同样的方式将假装和虚构的世界与现实生活所带来的影响隔离开来。[21]

事实上，孩子似乎还会分离和隔绝出不同的虚构世界。例如，他们说，蝙蝠侠生活在他自己的虚构世界中，不能与海绵宝宝进行互动。4岁的孩子知道这些角色都不是真实的，但他们表示蝙蝠侠可以看到罗宾，并与他交谈，但蝙蝠侠不会与海绵宝宝交谈。

哲学家把虚构和假装的世界称为反事实世界。这是一个存在各种可能性的世界，潜在的后果源自潜在的前提，而非来自现实。孩子似乎从他们非常年幼的时候起就明白并尊重这种差异。托马斯小火车、彼得兔以及故事里的其他人如此明显地违反了现实世界里因果律的每一个事实，而这些都在向孩子表明故事是虚构的。

有趣的是，最早有记录的故事，即神话和传说，也都是虚构的，这些故事离真实的东西也很远。小说的构思虽然遵循现实的因果律，却是一个相对较新的发明。而孩子的故事与神话、传说一样，也与现实非常不符，这可能是孩子发现它们是虚构的一种方式。

还有其他信号显示故事不被严肃地看待。当父母和孩子在一起玩假装游戏时，无意识地使用了一系列特殊的信号，比如以某种"假装"的方式说话。我们会用傻傻的声音说："托马斯说'噗噗'。"我们还会摆动着手指、龇牙咧嘴地去讲述一些疯狂的事情，孩子也会这样做。我们让虚构世界变得完全清晰，孩子也很快就明白了。在现实世界中，真实的原因会有真实的结果；而在虚构的可能世界中，可能的原因有可能的结果。正如我们将在下一章中看到的，即使是学龄前的孩子也能理解这一点，并对现实世界和假想世界里将会发生的事情得出正确的结论。

孩子似乎也发展出了对第三世界[22]即超自然、魔法和宗教领域的欣赏。但是他们只有在对事实和历史、想象和假装有了更基本的了解之后才能做到。正如许多成年人那样，孩子也开始相信第三世界的这些可以与现实世界共存，而这是虚构和想象世界做不到的。

魔法的问题在于，它是看不见摸不着的，因此违反了因果律，这与虚构事物有很多共同之处，然而它却有真实的因果关系的结果。在许多文化中，孩子会被教导说，你看不到也摸不到的幽灵实际上会让你生病。有趣的是，围绕牙仙子和圣诞老人这两位西方魔法最佳候选人的神话显然涉及了真正的结果。孩子早上醒来发现，牙齿真的不见了，礼物真的出现了。

我的大儿子阿列克谢5岁那年，在圣诞老人故事的陪伴下度过了一个快乐的圣诞节，虽然明显带有迎合成年人的意味。他的父亲是一名老练的蒙特利尔记者，他给圣诞老人倒了一杯上好的白兰地，这可比美国人用牛奶和饼干来招待要温暖多了，当然，孩子睡着之后，他爸就把那杯酒喝掉了。当阿列克谢早上醒来看到空杯子时，就惊讶地喊道："所以他是真的！"

看起来，孩子只有在年龄大一些的时候才能逐渐理解这些魔法。尤其是，孩子会逐渐看到一系列宗教和魔法的案例，在这些案例中，无形的精神会带来真正的实际影响。此外，孩子还必须将它们与看起来很相似但并不带有魔法成分的科学案例区分开来，例如，神秘的细菌或气体等也会带来不可否认的实际影响。

孩子需要一段时间才能知道如何理解这些案件。但等他们10岁左右的时候，即使在信仰虔诚的社区里，孩子也会以不同的方式处理事实和科学、虚构和假装、魔法和宗教。他们甚至在听到科学声明中提到氧气或大肠杆菌等物质时，也会这样区分。

目前还不完全清楚孩子用来区分科学和魔法的线索，但有几种可能。其中之一就是成人会通过使用诸如"我相信"这样的短语来明确地标记超自然的事物。[23] 没有人会说"我相信橘子"或者"有些人相信橘子，有些人不相信"，或者"有些人相信橘子是黄色的，而其他人则相信它们是蓝色的"。但我们会用这些语言来描述魔法和宗教信仰。有意思的是，如果你说"我相信魔法"，那可能会让孩子更不相信你的信仰是真的。

另一个相关的可能是，孩子对成人之间是否达成了共识很敏感。成人通常既认可真实的事实也认可虚构的故事。我们之前也了解到，孩子和成人有时会因为相互冲突的意见而不相信自己的亲眼所见。但是相反的情况可能也是如此。超自然和宗教信仰往往是可变的，即使那些接受信仰的人也承认其他人可能并不会接受。

到 8 岁或者 10 岁的时候,那些来自魔法和宗教信仰普遍存在的社区的孩子,对于许多成人拥有的信仰,也有了同样的"双重意识"。克里斯蒂娜·勒加雷(Cristine Legare)[24]和苏珊·格尔曼(Susan Gelman)观察了南非农村和城市的孩子对艾滋病的看法。南非的许多成年人认为,艾滋病既是由生物因素如病毒引起的,也是由巫术造成的。

来自南非农村和城市的孩子最初都更喜欢生物学的解释,而不是那些基于巫术的解释。发展巫术思想似乎需要一段时间,与孩子相比,成年人实际上可能更相信巫术。但是,当孩子赞同巫术时,他们也允许两种关于疾病的解释方式并存。

永无止境的"为什么",是在寻求好的解释

喜剧演员路易斯·C.K.(Louis C.K.)描述了一段他与 3 岁女儿的对话:

"爸爸,为什么我们不能到外面去?"

"因为在下雨。"

"为什么?"

"嗯,因为水从天而降。"

"为什么?"

"因为水藏在云端。"

"为什么?"

"嗯,当有蒸气时,云就会形成。"

"为什么?"

"我不知道！我不知道任何更多的东西了！这是我所知道的一切！"

每个有 3 岁孩子的人都经历过这样永无止境的关于"为什么"的对话，一连串的问题和答案会持续一下午，直到你听到自己那通常还比较理性、耐心的声音说出："因为我就是这样说的！"

这些永无止境的问题到底是真的问题，还是孩子为了延长对话和吸引你注意力的方式？最新的研究显示，孩子确实想要答案，想寻找好的解释，[25] 并从中学习。

孩子从自己周围的人身上吸收了大量的信息，但他们并不仅仅是被动地做到这一点的。相反，他们会根据周围人行动时的细节来区分这些细微的不同。孩子更加主动地掌控着自己的学习，他们在寻求信息[26]的同时，也会吸收它们。

CHILDES① 资料库是发展心理学最珍贵的储藏之一。在 20 世纪 70 年代，一些语言学家开始记录孩子的对话。全部对话都被整合在一个单一的数据库里，你可以在这些孩子可爱的对话和意想不到的诗歌中畅游，这些孩子早已长大，甚至有了自己的孩子。在这些数据库中畅游总会带着一丝伤感，就像是在阁楼里对老玩具和旧书籍进行分类的感觉。

研究人员精心搜索了这些录音并分析了年幼孩子提出的问题。[27] 首先可

---

① CHILDES 全称为 Child Language Data Exchange System，即儿童语言数据交流系统。——编者注

以看出的是，大约有 70% 的孩子提出的问题是合理的请求，而不是只想让对话继续或是为了引起注意。但最引人注目的是孩子强大的好奇心。学龄前的孩子平均每个小时要问 75 个问题。如果你进行一下数学推算就会发现，在幼儿期的那几年里，会有成千上万的问题被孩子问出。这对那些本来就认为自己的孩子好奇心强烈的父母来说也是很惊人的，当我做出这个计算时，和你一样惊讶。难怪有时我会觉得自己是不是应该改名叫"谷歌奶奶"。

CHILDES 资料库里也包括一些工人阶层孩子的对话，这些孩子也问了很多问题，但大多数孩子都是做录音的语言学家的孩子。不过，研究人员已经获得了更多具有代表性的父母的帮助，他们用日记记录了孩子早期提出的问题，结果也是一样。成长在贫穷的加州移民社区里的年幼孩子[28]就问过一些发人深思的问题，比如说："为什么鱼不会淹死在水里呢？""为什么土里的蚯蚓不会因为我们踩到地面而被压扁呢？"

在一项研究中，研究人员给了父母和孩子一碗水和一些物品，然后让他们自己试着去了解为什么有些物品会下沉而其他物品却可以浮在水面。中产阶层并受过学校教育的家长和孩子会像做学校活动一样来对待，他们会花更多的时间谈论课题怎么进行下去，而不是研究物品的沉浮。学识较浅的父母则会花更多的时间在实际的问题上，他们的孩子也会询问更深入、更具概念化的问题。

几乎从孩子会讲话的时候起，他们就会用自己的语言尝试从父母那里学习更多的语言、获取更多的信息。最早的问题很可能是关于"是什么"和"在哪里"的事实请求，[29]"这是什么？"是孩子最早会说的话之一。但是当孩子仍然较小、不超过两岁的时候，他们也会询问原因。"为什么"和"如何"

类的问题也逐渐开始出现。

路易斯的孩子并不是唯一一个会没完没了地问"为什么"的孩子，孩子的问题往往是和上一个问题紧密衔接的，一个问题似乎是在提示下一个问题。在一项研究中，研究人员对超过 6000 个孩子小时候问过的问题[30]和这些问题的答案进行了观察，更有意义的是，他们还观察了孩子是怎么回复这些答案的。

孩子对自己的问题是否被充分地回答非常敏感。他们回应一个不太明确的答案或者没有答案的方式就是问另外一个问题，或者重复刚才问的问题。直到他们得到一个有用的回答，才会表达认同，然后用下一个问题去详细阐述、区分或者问更多的细节。

是什么让孩子想问问题呢？在另一项研究中，实验人员向 4 岁孩子提供了一些不太好解释逻辑的异常图片[31]，比如有一张图片是一个戴着小丑鼻子却穿了一身西装的男生，还有一张是一个有两只鸟和一只乌龟的巢穴。对这些描绘异常的图片，孩子会更容易问问题。他们可能会问："为什么他有一个小丑鼻子？"

实验人员系统地区分了成人是如何回答这些问题的。有时他们会给出一个解释："也许他的工作就是一个小丑，他忘了把小丑鼻子摘下来了。"有时他们只是重复这个事实："是，那是一个小丑鼻子！"当成年人给了孩子一个合理的解释时，孩子就会继续更深入的对话，比如问："为什么人们会打扮成小丑工作？"但当成人没有给出好的解释时，孩子就会坚持问之前问过的问题："为什么他有一个小丑鼻子？"

"为什么"的最佳答案是揭示因果关系

询问"为什么"的问题特别常见，不过这里引出了一个更有趣、更深入的问题：那什么才是"为什么"的最好答案呢？针对事实性问题来说，什么是好答案是显而易见的。如果小工具实际上是一个 dax，当有人问你"那是什么？"的时候，你就应该回答"是 dax"。但找到"为什么"的正确答案则更加复杂和难办。当父母在试图解释为什么会降雨、为什么会有白天与黑夜，还有自行车是怎么工作的时候，就会有这样的感觉，当然还有那个最让人头疼的问题："宝宝是怎么进到妈妈肚子里的？"

一个好的解释和一个坏的解释有什么区别呢？作为成年人或者孩子，解释又能为我们做些什么呢？为什么解释事实要比只是重述事实要好很多呢？孩子渴望解释这个事实会使你认为这些解释一定有一些特别的作用。那会有什么作用呢？

塔尼亚·伦布罗佐（Tania Lombrozo）[32]提到了关于"为什么"的问题和这些问题的解释会让孩子更深入、更广泛地了解这个世界。当你解释一些事情时，你通常会给出一个关于事件如何发生的因果故事。当你解释一些特定事件并能从这些事件里得出新的结论时，因果解释在这个过程中是非常有用的。那个人有一个小丑鼻子是因为他今天早上把一个小丑鼻子戴在了自己的鼻子上，这样的解释只适用于这个特定的事件。如果解释说他的工作就是一个小丑，那会和很多新的事件有联系，包括从事不同职业的人经常会穿戴不同的服饰。事实上，多项研究都表明，当孩子在解释事件时，[33]即使只是解释给自己听，也会让他们对事件有更深入的理解。

园丁
实验室

THE
GARDENER
AND
THE
CARPENTER

在一项研究中，实验人员给4岁的孩子展示了一个复杂的鲁布·戈德堡机械装置（Rube Goldberg Contraption），装置上还有乐高积木块和齿轮。机器的某些部分对于整个机器的工作起着重要的作用，比如说红色齿轮需要接触到一个绿色齿轮，其他一些部分则只是装饰，比如一个蓝色的乐高积木块放在了一个齿轮的上面，但并没有什么实际的作用。

实验人员会让一部分孩子解释一下机器是如何工作的，而让另一部分孩子只是描述一下机器。然后把机器上所有的东西拆开，让孩子们重建，同时会问一些关于事实的问题，比如哪个零件去哪了。那些之前给过详细解释的孩子记住了装置上更多的功能性零件，同时在重建装置的过程中也比另外一组孩子表现得更好。

这并不是说解释本身让孩子更多地注意到了机器，而只是描述机器的孩子则更多地记住了那些负责装饰的零部件，也就是对机器的运行没有实际作用的部分。相反，解释会让孩子把焦点放在与机器的工作原理相关的信息上，也就是那些告诉他们怎么使机器工作的信息，即使这意味着他们需要忽略不太重要的信息。

我们在一项关于玩具检测器的实验中[34]也发现了相同的模式。想了解大多数物体工作的原因都可以看它们的内部是什么，比如电池、齿轮、心脏还有大脑。我们拿了一些不同形状和颜色的积木块给4岁的孩子，这些积木块的内部也不一样：一些积木块里面有小图钉，另外一些没有。然后把积木块放在检测器上并启动。当孩子必须解释检测器是怎么工作的时候，他们会更多地谈论积木块里面隐藏的图钉而不是积木块的颜色或者形状。当孩子只需要描述一下发生了什么的时候，他们就会把重点放在这些表面特征上。

孩子不仅需要更多关于这个世界的信息，他们还需要理解因果关系，[35]**才可以从一个更深入、更广泛的角度理解这个世界，也就是说，这些信息可以促进他们未来学到更多的知识。**

而且比较明显的是，孩子能够认识到自己在什么时候没有获得这种比较深刻的因果信息，而这时他们就会竭尽全力地去获取它。

所有的孩子都能从倾听和观察中学习，但有些孩子在某些文化和社区中更依赖于观察和模仿，而另一些孩子则更多地依赖语言，这也是很合理的。听到解释是获得关于世界的深层因果知识的一种方式，但正如我们在前面的章节中看到的那样，你也可以通过观察他人的熟练技巧来作出类似的推论。罗戈夫研究过的玛雅儿童[36]可以通过观察他们的长辈学到很多，这比奥吉通过观察我学到的可多多了。

毕竟，我生活在一个充满文字的世界里，除了烹饪、园艺和照顾孩子，我整个工作中的有用技能就是摆弄这些文字。我不编织篮子，也不去狩猎野鹿，而是创造句子和寻找科学真理。对奥吉来说，跟我对话，尤其是问那些永无止境的"为什么"，可能是一个更好的获取他所需信息的办法。这还可以训练他在这个文字的世界里掌握需要的技能。但是如果他需要学习怎么编织篮子、怎么狩猎野鹿，或者只是怎样做一个蛋奶酥，又或者是怎样照顾他的小妹妹，模仿可能会是更好的方法。

无论如何，在如此众多的文化中，孩子在非常小的时候就可以本能地问问题，这本身就表明这种获得关于世界信息的方式与模仿一样，在生物学上是非常根深蒂固的。我们应该允许孩子这样去做，而不是教导他们这样去做。

但我们很难回答孩子提出的每一个问题，偶尔会有像路易斯那样的反应也不必感到内疚。**年幼的孩子在学习这件事上是坚持不懈的，他们会一直去寻找他们想要和需要的信息。**

研究显示，孩子会不知不觉地对自己的知识水平十分敏感，对从周围人那里获得的知识也很敏感。他们也许比你还清楚你想表达的意思，对于自己需要什么和想要什么，他也比你更清楚。

你的解释影响孩子的思维方式

孩子可以从语言的细微特征中学习。被心理学家称为本质主义的发展就是一个非常好的例子。苏珊·格尔曼[37] 30 年来一直在研究孩子的本质主义，并取得了令人瞩目的成就。所有有心智的生物把这个世界的事物区分成了不同的类别。而"本质主义"这个术语是心理学家用来描述我们倾向于认为这些类别是深刻的、先天的、永久的，这些都来自这个世界，而不是来自我们的心智。

本质主义者为什么会这样认为呢？结论是成人的说话方式会影响孩子对不同类别的思考，甚至就连相当细微的地方也会影响孩子看待这个世界的方式。事实上，那些细微的地方可能对影响孩子如何思考尤其有效，甚至比更明显、直接的教学方式更有效。

孩子把这个世界的事物做了区分，包括物质类别，比如电视和茶壶，生物类别，比如蒲公英和鸭子，还有社会类别，比如男孩和女孩。但类别能够反映的并不是表层的便利性，而是深层的信念。我可能会随意地把我衣柜里的衣服分为黑色的和白色的，或上衣和裤子，也可能会把我的书分为大开本的和小开本的，或者平装书和精装书，但不管怎么分，都不会造成什么大的影响。但我们能感觉到，很多类别里有一些更深层的东西。

思考一下下面这些恐怖的哲学思想实验。也许是因为哲学家从来不用真正去做实验，所以他们的实验总会倾向于比较暴力的一面。假设我拿了一只猫，切断它的尾巴，并用更大、更浓密的尾巴去替代，然后在上面涂上大白条纹，并缝上一个有臭味的腺体，等等，直到它看起来、听起来、闻起来都像一只臭鼬。那它是一只臭鼬还是一只猫呢？

当然，我们认为，它仍然是一只猫，但可能很难说清楚为什么。如果它看起来像一只臭鼬，行动上也完全一样，那究竟是什么使它与臭鼬不同呢？我们可能想说是它身体里的一些东西，比如基因或者化学物质，反正，确实有一些什么东西使它不同。这时候你开始有点像路易斯在回答他女儿的问题时的样子了。

孩子是从什么时候开始以这种方式思考不同类别的呢？在传统的智慧里，从皮亚杰到蒙台梭利再到弗洛伊德，都认为幼儿的思想局限于此时此刻的即刻感受和直接知觉。但结果发现，即使是最小的孩子，也会尝试透过表面去了解事物更深的本质。事实上，孩子犯错常常是因为他们非常努力地在寻找事物的本质，[38]但实际上并没有什么本质隐藏其中。

甚至连两三岁的孩子似乎都有这样的模糊感觉，即在自然类别之中都有不变的、无形的本质[39]。更深层、更本质的类别可以帮助我们提出新的预测。[40]如果我知道某物是一只鸭子，不只是表面上，而是连最深层的本质也带有鸭子的样子和鸭子的行为态度，那我可以预测它步行的时候像一只鸭子，叫声像一只鸭子,游泳的时候也像一只鸭子,它会做其他鸭子都会做的事情,甚至我都不知道这些事情究竟是什么。如果我在几只鸭子身上发现了一些全新的特征,比如说,它们的羽毛上有可以防水的油脂,那我可以得出结论,所有其他的鸭子也都有这个特征。

学龄前的孩子似乎也认为,如果一只动物有某种特征,即使是隐形的特征,那么这个类别里的其他动物也会有这个特征。如果你告诉他们鸭子有一个"网膜"[41],他们会说其他鸭子也有"网膜"。孩子认为任何一只鸭子都有和其他鸭子相同的内部构造,甚至他们还不完全清楚那是什么。如果继续追问,孩子可能会说,比如,鸭子蛋与成年鸭有相同的内部构造,因为它们属于同一类别。

孩子和成人对所有类别[42]并不一定都是这种感觉。比如说,假设我要对一只茶壶进行改造,而不是改造一只猫。我去掉了壶嘴和壶柄,把顶部磨平,锉掉壶的边缘,然后重新上色,最后在里面放满糖。这样的话我们更可能会说这不再是一只茶壶,而变成了一个糖罐。孩子的回应方式也是这样的。同样,即使我发现许多茶壶是用陶瓷做的,我也不会断定所有其他茶壶都是陶瓷做的。

除了这些关于相同内在构造的特别模糊的假设之外,本质主义也暗含着天赋和永恒[43]。即使是幼儿也认为鸭子永远是鸭子,甚至当它还在蛋里的时候就是了。他们也知道,即便鸭子是在狗的身边长大的,它们也仍然会像一只鸭子那样走路、欢叫和游泳。

在理解物理和生物世界的时候,本质主义思想实际上是有帮助的。毕竟,科学告诉我们,自然类别往往会有意想不到的深层本质。一只海豚看起来像一条鱼,游泳的时候也像一条鱼,但它实际上不是鱼;企鹅和鸵鸟是鸟类，但它们从外观和行为上都不像典型的鸟类，比如知更鸟。当然，这类想法的缺点就是，它可能也说明了为什么进化论的观点很难让人接受。如果我们凭直觉从本质的角度理解物种，那物种是可变的、无常的和连续的这个基本的进化论前提就会让人特别难以明白。

孩子也会逐渐形成自己关于社会的本质主义观点，[44] 但那将会带来更多的问题。当他们还比较小的时候，他们看待性别、种族甚至语言的类别就像他们看待鸭子和狗的类别一样。他们会认为社会类别是固有的、深刻的，也是不变的。

孩子甚至会用同样的方式对待任意的社会群体。如果你告诉他们有一个群体叫 Zazes，另一个群体叫 Flurps，[45] 他们很可能会得出结论，Zazes 群体和 Flurps 群体在其他方面都不相同，而且很不幸的是，他们也会认为 Zazes 群体会更容易去伤害 Flurps 群体，而非自己的 Zazes 同胞。

特别的是，孩子在很小的时候就在性别上形成了本质主义的观点。在人类文化中，对于种族的本质主义态度发展得要晚一些。尽管你可能在孩子差不多 5 岁以后才会发现关于种族的本质主义看法出现，但 4 岁的孩子就已经会说女孩永远是女孩，[46] 她们永远不会成为男孩。

这种关于身体性别特征的本质主义看法似乎很合理，毕竟这大部分都是真实的。但是，孩子往往在心理性别特征上也有本质主义的看法，即使你尝试让他们在一个毫无性别歧视的氛围下成长。孩子对于性别的看法比成人更加绝对，[47] 他们会跟穿着套装的医生妈妈说：女孩穿连衣裙，护士是女生。

这种本质主义来自哪里呢？其中一些可能来自先天的或进化而来的倾

向。人类学家斯科特·阿特兰（Scott Atran）[48]提到，在进化史中，觅食者需要辨别植物和动物的类别，这推动了本质主义的发展。你可以请那些在采集和利用植物方面颇为擅长的觅食专家给我们解释他们的"民间植物学"。这些专家可以很好地追溯生物物种。他们不只会注意植物表面的特征，比如形状或者颜色，他们区分出的类别更像是科学理论上的类别。

本质主义也可能来源于孩子在了解周围世界因果关系时的驱动力。如果你想预测一只动物或者一株植物会做什么，或者你能拿它做什么，从它的本质去思考也许要比只观察它的表面特征要好。比如说蘑菇和毒菌的表面很相似，但知道它们的本质区别可以救你的命。

语言也会引发本质主义。例如，你可以这样描述一个特定的女孩："玛丽吃胡萝卜。"或者说："玛丽是一个吃胡萝卜的女孩。"如果你告诉3岁的孩子玛丽是一个"吃胡萝卜的女孩"[49]，他们更可能会认为玛丽本质上就是一个吃胡萝卜的女孩，也就是说玛丽会经常吃胡萝卜。如果你只是说"玛丽吃胡萝卜"，那他们更可能会认为玛丽吃胡萝卜的热情只是暂时的。

但这里有一种被语言学家称为通用语言（generic language）[50]的语言，特别是它能够引发我们产生本质主义的思考。请想一下这些句子："鸟会飞。""一只猫每次都会追逐一只老鼠。""斑马有条纹。"现在将它们与下面这些句子进行比较："有些鸟会飞。""一只猫追赶过一只老鼠。""斑马从老虎身旁跑开了。"

虽然这些语句非常相似，但意思却非常不同。第一组句子告诉了你一些关于整类动物的信息，而不是关于某些动物的信息。而第二组句子只告诉了你一些特定的鸟类、猫还有斑马的信息。

通用语言也有例外。即使不是每只鸟都可以飞,但"鸟会飞"确实是真的。而且这些通用语言还告诉了你一个类别的本质和这个类别的特别之处在哪里。但"鸟类生活在南极"或"鸟类是棕色的"听起来就不太对,尽管许多鸟类确实生活在南极,也确实有许多鸟类是棕色的。但这些特征并没有定义一只鸟是什么样子的。

现在思考一下这些句子:"男士们喜欢金发女郎。""男孩们别哭泣。""女孩只是想玩得开心。""一个英国人的家就是他的城堡。""今年穿着体面的男人会穿高筒靴。"这些也是通用语言,但它们定义的是一个特定的社会群体,告诉了你关于某个特定群体的本质。

在莫里哀的戏剧《贵人迷》里,富人汝尔丹在语文老师说他一生都在讲散文时感到很惊讶。"我从来没有怀疑过这一点。"他说道。你可能同样会惊讶地发现,你也一直在使用通用语言。

孩子从很小的时候起就开始使用通用语言了。在 CHILDES 的资料库中,两岁半的亚当[51]很有说服力地说:"亚当们都不需要睡午觉。"我儿子阿列克谢 4 岁生日时,我带他去看《星球大战》,他也做出了同样令人印象深刻的推断:"4 岁的孩子不会害怕。我 4 岁了,我不害怕。"

成年人在与孩子交谈时也会使用很多通用语言。从成年人那里听到的通用语言会让孩子做出新的预测并从中得出新的结论。例如,当孩子听到"bants 有花纹"这句话后,再看到一种有花纹的新动物时,就可能推论认为这只动物是 bant。但是,如果他们听到的是"这只 bant 有花纹",就不会把有花纹的新动物推论成 bant。

园丁
实验室

THE
GARDENER
AND
THE
CARPENTER

即使是 24 个月大的孩子似乎也会逐渐从通用语言转变到本质主义类别上，在一项研究中，实验人员给孩子展示了两个动物玩具，一个是橙色的，一个是蓝色的，还有一杯玩具牛奶。然后研究者喂橙色的小动物喝牛奶，同时说："blick 们喝牛奶！"[52] 或者说："这只 blick 喝牛奶！"之后，实验人员把这两个玩具给孩子，并说："你能展示给我看吗？"

当孩子们听到的是通用语言"blick 们喝牛奶"时，他们得出的结论是：所有动物都喝牛奶，然后会让两只动物都喝牛奶；当他们听到的是非通用语言"这只 blick 喝牛奶"时，他们只会给橙色的动物制作饮品，因为他们得出的结论是只有这只橙色的动物喝牛奶。

通用语言对社会群体的类别是否也有相同的效果呢？对于绅士和金发女郎是否也像 bants 和 blick 的例子一样呢？格尔曼和她的同事研究了孩子和母亲之间有关性别的谈话。[53] 他们给孩子看一个画册，里面会轮流出现一些带有刻板印象的图片和一些有悖于传统印象的图片，前者比如一个女孩在缝衣服，后者比如一个女孩在驾驶一辆卡车。

研究发现，即使是完全忠于性别平等的母亲们，在谈论性别时大多数还是会使用通用语言，例如"男孩开卡车"或者"女孩能驾驶卡车"。尽管如此，参与实验的那些最小的孩子却并没有使用很多关于性别的通用语言。但是当他们大约 6 岁的时候，与母亲相比，孩子会使用更多的通用语言来谈论性别。而且，孩子使用通用语言的频率和他们的母亲使用通用语言的频率有着很强的相关性。

其中有一个苦涩且令人咬牙切齿的讽刺点是，母亲们甚至在反对性别歧视时也会使用通用语言。"女孩能驾驶卡车"仍然暗示了女孩们都属于这个有着相同内在本质的类别。

园丁实验室
THE GARDENER AND THE CARPENTER

使用通用语言是否会让孩子更加以本质主义的观点看待社会群体类别呢？[54] 在另一项研究中，实验人员给 4 岁的孩子带来了一群形形色色的人，这些人都被称为 zarpie，其中有不同性别、不同种族的人。然后实验人员谈论起这群人的一些相当离奇的事情。在他们的描述中，有时使用通用语言，比如"zarpie 害怕瓢虫"，有时使用非通用语言，比如"这个 zarpie 害怕瓢虫"。

然后，他们向孩子询问以下问题：其他 zarpie 是否害怕瓢虫？zarpie 是不是之前和以后都害怕瓢虫？等等。结果是，孩子如果听到的是通用语言，就更可能给出本质主义的回答。

相反，实验人员要么告诉成人害怕瓢虫是 zarpie 必不可少的特性，要么告诉他们这只是一件偶然发生的怪事。然后，他们让成人来告诉孩子关于 zarpie 的故事，当这些成人认为 zarpie 从本质上是一个特定类别的群体时，他们使用了更多的通用语言。

成人讲话方式的微妙变化也影响了孩子对 zarpie 的思考方式，同时也影响了孩子谈论现实中的鸭子和松鼠的方式，以及真正的男孩和女孩。其实并不需要太多额外的推论就能想到，孩子会把诠释通用语言的方式应用到其他社会群体中，比如墨西哥人和美国人、黑人和白人、胡图族和图西族、塞尔维亚人和克罗地亚人。

孩子对你的信任胜过一切方法

所有这些对父母来说又意味着什么呢？在另一项日常惯例中，路易斯用一句修改后的旧谚语来描述他的养育方式：授人以鱼，不如授人以渔。或者你可以让孩子一个人静静，他会想明白的。

父母很重要。孩子是从父母和其他照顾者那里学习的，不管是通过观察的方式还是通过证言的方式。孩子会仔细观察父母是怎么做的，也会非常仔细地倾听父母在说什么。与孩子沟通并倾听他们所说的，多问孩子一些"为什么"，也多回答一些"为什么"，都可以帮助孩子茁壮成长。

在这一章和上一章里，我描述的研究很好地展示了传承与创新的悖论。通过观察和倾听来学习对于不断累积起来的文化知识的传承是非常重要的方法。但是，孩子不会盲目地重复他人做出的动作，或者说出他人所说的话。相反，孩子会积极地把通过观察学到的知识和其他许多不同种类的信息经过思考，智慧地结合在一起。然后他们会利用这些信息来创造新工具、新技术、新故事和新解释。

父母扮演的角色与教养模式里所建议的角色非常不同。**父母和其他照顾者不需要教授孩子太多知识，只需要让他们去学习就可以了。**年幼的孩子可以很轻松地从他人那里学习，他们非常善于获取自己需要的信息，并去理解这些信息。父母不需要为了让孩子得到想要的信息而有意识地控制自己说话的内容。

事实上，鉴于孩子在学习过程中的敏感性和微妙性，有意识地控制可能并不会带来你想要的结果。即使你想这样，也很难追踪自己是否运用了通用语言，或者是不是在"假装"这样讲。有意识地控制这些是更加不可能的事，而且也没有任何理由这样去做。

可以想象另外一种把父母当成园丁的画面，父母和孩子从根本上来讲是一段关系，养育是一种形式的爱，这给了你另一种角度，去看待孩子是如何从父母身上学习的，而这与科学研究的结果不谋而合。

成为一位稳定且可以提供可靠学习资源的照顾者要比成为一位直接教导式的照顾者更有价值。在依恋关系的研究中，我们看到孩子在获取知识时会根据不同的人和他们对这个人的感受来采取不同的学习方式。关系里最基本的信任要比教学方法更重要。

如果模仿就像跳双人舞，那么对话就像唱二重唱。CHILDES 资料库的研究展示出，即使是关于简单绘本的对话也像编排细腻的话剧，一来一回，还有呼叫与回答。这确实是真的，当然有时候我们使用语言是为了有针对性地向孩子或成人传达特定的信息，但更常见的是，无论对成人还是对孩子来说，对话都是一种构建关系的方式，一种和另一个人相处的方式。没有比反复地取笑和逗乐、使用小爱称和做一些亲昵动作，以及自我反省和闲聊更有爱的表示了。没有哪个代表亲密关系失败的信号比拒绝和对方谈话更有破坏性了。孩子是在亲密的关系中，通过开放且充满活力的对话来学习的。

假如孩子能通过观察和模仿向许多拥有不同技能的不同的人来学习，他们也可以通过倾听不同的人以不同方式谈论不同事情来学习。矛盾的是，即使是听到不准确的或带有误导性的信息，也能够帮助孩子学习。他们不只学习这些人说话的内容，而且还要判断这个人有多可靠，以及未来能在多大程度上相信他。

让孩子有机会近距离地观察很多不同的人是怎么做事的，是帮助他们通过观察来学习的最好方法；让孩子有机会与很多不同的人交谈，是帮助他们通过倾听来学习的最好方法。

THE GARDENER AND THE CARPENTER

THE GARDENER AND THE CARPENTER

06
边玩边学

Babies may often be even better scientists than grown-ups are. Adults often pay attention to the things that fit what we already know and ignore the things that might shake up our preconceptions.

婴儿可能比成年人更适合做科学家。
成年人总会关注那些已知的东西，
而忽略那些可能会动摇我们先入为主的观念的东西。

在狄更斯的小说《远大前程》中，有一个既滑稽又让人感到可怕的片段：疯狂的郝薇香小姐坐在她那凄凉的豪宅里，命令可怜的孤儿主人公皮普去玩耍。

"我烦透了，"郝薇香小姐说，"我想消遣一下。我已经和男男女女们玩够了，想找个孩子来玩。来玩吧。"
我想哪怕是最爱争辩的读者都会承认，她要一个不幸的男孩在如此境况下玩耍，这世上恐怕没有比这更难的事了。
"得了，得了，"她右手的手指不耐烦地挥舞着，"现在来玩吧，玩吧，玩吧！"

郝薇香小姐可能是一个极端的例子，但狄更斯那令人不寒而栗的喜剧反映了一些关于玩耍的深刻谜题。

孩子天生喜欢玩耍。童年和玩耍天然地联系在一起。大多数家长和老师都有一种模糊的感觉，认为玩耍是件好事。我们甚至可能认为，鼓励孩子玩耍是一种很好的教养技巧。

但如果你仔细想想就会发现，把玩耍作为养育的目标，这其中是存在悖论的。毕竟，根据定义，玩耍就是当你不想做任何事的时候才会做的事情。这是一种没有目标的活动。如果玩耍的形式是由一个成年人想要达成的目标来决定的，那么它还能算作玩耍吗？即使你不是郝薇香小姐，你能命令孩子去玩耍吗？

在科学上，玩耍也有一些自相矛盾的地方。认为玩耍对学习有好处的想法带着一种直觉上的吸引力。但是如果玩耍真的能让你更聪明、更专注，或者更好地理解他人，那为什么不直接把目标定为更聪明、更专注、更富同情心呢？为什么要走精心设计的玩耍路线呢？

到目前为止，这一悖论在实际的科学证据中得到了印证。令人惊讶的是，直到最近都几乎没有任何研究可以证实我们的直觉，即玩耍可以帮助孩子学习。

问题的一部分在于，玩耍和学习有很多不同的方式。我们说的是探索性游戏、混战游戏、假装游戏还是游戏玩法？我们指的是学习语言、发展运动技巧、理解他人的思想、提高执行能力还是完善日常工作？每种类型的玩耍都可能与不同类型的学习有关，而没有理由相信所有类型的玩耍都与所有类型的学习有关。

在这一章，我将概述一些不同类型的玩耍方式，以及我们所知道的它们是如何帮助孩子学习的。但首先让我们考虑一个进化问题：动物为什么要玩耍？[1]

人类小的时候会玩耍，狼、海豚、老鼠和乌鸦在小的时候也会。即使是章鱼也会玩塑料瓶。狼崽在狩猎中玩耍，雏鸟会玩棍子，小老鼠和它的兄弟们玩耍打闹，小猫则会玩线团。

玩耍在社会性动物中尤其常见，这些动物的童年期都相对较长，父母投入较多，它们的大脑也较大，比如我们人类这样的动物。几乎所有有长时间童年生活的动物都会在童年时期花很多时间玩耍。

但是我们所说的玩耍是什么意思呢？假装游戏和打闹游戏，打曲棍球和玩过家家，这些有什么共同之处呢？又是什么潜在的东西把老鼠和它的兄弟、乌鸦和它的挖洞棒、小猫和它的线团连在一起的呢？

试图定义玩耍的生物学家指出了各种玩耍的 5 个特点。[2] **第一，玩耍不是工作。** 它看起来像是战斗或狩猎、挖掘或清扫，但实际上它什么都没有完成。小猫不会吃毛线，羽翼未丰的小鸟挖不出虫子，摔跤的老鼠也不会伤害自己的兄弟，就像玩过家家时，孩子不会在冰箱里放更多的食物，或最终让起居室变得更加整洁一样，事实上还恰恰相反。

玩耍不仅是没有成效的行为，它还有其特点，使你能把它和真实的工作区别开来。当老鼠打闹的时候，它们会用鼻子蹭对方的脖子，如果是真正的打架，它们就会咬对方的两肋。当孩子假装倒茶时，他们会做出幅度很大的夸张动作，通常是来回晃荡，而不是真的倒茶。当然啦，小动物们假装打猎或性爱，也不会真的把熏肉带回家，或者拥有自己的孩子。

第二，玩耍是有趣的。9个月大的婴儿在玩躲猫猫时会咯咯直笑。即使是在动物之间，玩耍也会带来欢乐、愉悦和笑声。例如，老鼠在玩耍时就会笑，[3]它们打闹的时候会发出一种特殊的超声波，由于频率太高，所以人类听不到。

第三，蒙郝薇香小姐恩准，但玩耍是自愿的。这是动物为了自己的利益而做的事，而不是因为被教导去做或者做了会得到奖励。事实上，幼小的老鼠会为了玩耍而工作，它们会学习按动一个能让它们玩耍的木棒。如果玩耍的机会被剥夺，它们玩耍的欲望就会不断累积，一旦得到机会，就会立即玩耍起来。孩子也是如此，想想那些被"释放"到课间休息时间中的孩子们吧。[4]

第四，玩耍与其他基本的欲望，比如对食物、水或温暖的需求并不相同。只有当其他基本需求都得到满足时，动物才会开始玩耍。当动物感到饥饿或压力特别大时，玩耍行为就会减少。笼统来讲，玩耍就像童年一样，是建立在环境的安全性与内心的安全感基础之上的。

第五，玩耍有一种特殊的结构，一种重复和变化的模式。老鼠们在玩耍时会尝试不同的进攻和防守模式；当一个6个月大的孩子在玩拨浪鼓时，他会试着摇出更大或更柔和的声音，并或多或少地用它敲打桌子；章鱼会把瓶子摁进水中又看它浮上来；海豚会先把呼啦圈放在鼻子上，然后又挪到鳍上。玩耍的这种主题和变化模式与我们在圈养动物和充满压力的动物身上看到的，有时甚至是在人类身上看到的那种重复的踱步和轻摇是相反的。

如果玩耍在生物学上无处不在，那么它对动物的生活和大脑有什么作用呢？

打闹是一种社交演练

打闹游戏包含满地打滚、摔跤、轻咬、压制等动作,以及我们常常在男孩子们身上看到的"闹翻天",当然女孩有时候也会这样。作为三个男孩的妈妈,我发现这是最令我感到挫败的育儿困境的根源。身为一名有着强烈非暴力价值观的和平主义者,当看到自己深爱的、可爱的儿子们互相打得你死我活的时候,甚至看到他们跟朋友们打架的时候,该怎么办呢?当那些可爱的孩子耐心地向我解释,但我就是不明白的时候,又该如何反应呢?只要稍微转一转眼珠,他们就会向我保证,在小男孩的世界里,打打闹闹是友谊最明确的标志。

科学证明我的孩子们是对的。在人类儿童中,早期的打闹游戏与长大后更好的社交能力有关。[5] 当然,这种相关性可能指向很多东西。也许正是因为拥有社交能力才让这些孩子有更多机会与其他孩子玩耍。

但是人类的孩子并不是唯一会玩打闹游戏的物种。小老鼠也会。[6] 如今,科学家们对老鼠的大脑是如何发育的有了更多的了解,通过对老鼠的研究,我们可以系统地探索玩耍是如何影响老鼠大脑发育的。

科学家们从仔细观察老鼠打闹的样子开始,记录打闹与真正打架的区别。有些区别是显而易见的,比如鼻子碰鼻子和撕咬。但也有更微妙的差异。在假装的打闹中,小老鼠尝试了各种各样的攻击和防御方式,它们给了彼此交换和轮流的机会。它们几乎失去了控制,就像两个小男孩会变成一团纠缠不清的手臂和腿一样。

科学家还将幼时参与打闹的老鼠与幼时不参与打闹的老鼠进行了比较。

我们知道，如果老鼠在幼时被疏远、隔离，那它们长大后在社交方面就会有障碍。但那是因为它们没有获得过任何接触社会的经验，还是因为它们没有获得过玩耍的机会呢？

成年后的老鼠与成年人一样，忘记了如何玩耍。又或者，它们只是太忙了，在成年老鼠的赛跑中疲惫不堪，这一切都是在迷宫中奔跑时无法实现的。因此，只和成年老鼠生活在一起的幼鼠也不会有太多打闹玩耍的机会，尽管它们确实有很多其他的社会接触。因此科学家便将这些老鼠与那些以同样方式饲养但会与其他幼鼠玩耍的老鼠进行比较。

成年后，幼时缺乏玩耍的老鼠与其他老鼠相处时有困难，而它们的困难对我们很有启发。它们可以跟幼时玩耍过的老鼠做相同的事情，它们知道如何进攻和防守，也知道如何向别人示好，以及如何撤退。但是它们不知道见机行事。无论是在打架还是在献殷勤，它们都无法像幼时玩耍过的老鼠那样对其他老鼠做出迅速、灵活、流畅的反应。它们可能会像蜜蜂那样蜇人，但它们肯定不会像蝴蝶那样跳舞。但正是这种跳舞的能力，以及在一个复杂的社会环境中，一眼就能看出并知道如何凭直觉做出反应的能力，才是让一只老鼠或一个人如此聪明和善于交际的原因。

我们甚至可以找出支持这些能力的大脑机制。在老鼠和人的大脑中，前额叶皮层的某些部位在社会协调中起着特别重要的作用。如果这些区域被破坏了，受影响的老鼠看起来就很像那些幼时不曾玩耍的老鼠。它们可以控制献殷勤或打架的动作，但它们不能灵活、流畅地对其他老鼠做出反应。它们理解了歌词，但没有把握住旋律；它们知道舞步，但是不懂跳舞。

幼时玩耍过的老鼠的大脑发育与不曾玩耍的老鼠有所不同，它们大脑中的有些区域变得更加复杂，有些则变得更加精简。这两种变化对成年人的社交能力都有不同的贡献。幼时玩耍过的老鼠也会在前额叶皮层负责社交的部位产生某些化学物质，尤其是胆碱类的神经递质。神经科学家说，这些化学物质使它们的大脑更具可塑性。

从神经科学的角度来说，可塑的大脑是更容易改变的大脑。一个更具可塑性的年轻大脑在经历了一次特殊的事件后很快会产生许多新的神经连接，而一个更老的大脑则更有可能保持不变。幼时的玩耍经验不仅会促使大脑产生这些化学物质，还会使大脑对这些化学物质更加敏感，[7]从而有助于保持大脑的可塑性。

为了证明这一点，研究人员给成年老鼠注射了尼古丁，无论这些成年老鼠在幼时是否玩耍过。像尼古丁这样的化学物质能模仿天然的胆碱类化学物质，使大脑更善于学习，这就是为什么吸烟者在吸烟后会感到更加警觉和专注。像尼古丁这样的药物会让你的大脑更像它年轻时更具可塑性的样子，但是大脑的可塑性到底有多强是因人而异的。尼古丁对幼时玩耍过的老鼠的影响要比没有玩耍过的老鼠大得多，可见早年的玩耍经验就算是对成年后保持大脑可塑性的潜力空间也是有帮助的。

随着年龄的增长，所有老鼠的大脑都变得不那么灵活了。但在幼时玩耍过的老鼠即使长大了也能保持改变的能力，因为它们的大脑更具有可塑性。玩耍并不能帮助老鼠做任何一件具体的事情，但能帮助它们学会以更灵活、更多样的方式做很多事情。

聪明的动物对一切都感兴趣

打打闹闹的游戏本质上是社会性的，只有多于两个人才能玩得起来。但是动物和孩子还会玩其他东西。当你给小婴儿一个新玩具时，他会用嘴触碰它，用手摇动它，把它丢在地上，再把它翻过来。事实上，小婴儿对所有的东西都会做同样的事情，所以有些东西你绝对不想给他们，比如一块碎渣掉满地的饼干。

园丁实验室
THE GARDENER AND THE CARPENTER

时间追溯到 20 世纪 60 年代，有一组有趣的实验，实验者将那些吃得很饱、受到良好照顾但是在无菌笼子里长大的老鼠与那些在"丰富"的环境中长大的老鼠进行了比较，"丰富"的环境让这些老鼠有很多东西可以玩耍。事实上，对大多数老鼠来说，"丰富"的环境[8]更像是它们自然成长的环境，你可以想想典型的纽约市老鼠，它们被迷人的空汽水杯和废弃的比萨盒包围着。

在各年龄阶段几乎所有的大脑发育测量中，那些有东西可以玩的老鼠都发育得更好。它们的大脑比其他老鼠的大脑发育得更大，有更多的神经连接和更大的前额叶区域。就像活蹦乱跳、打打闹闹的老鼠一样，它们大脑中产生的有助于学习的化学物质要比在普通笼子里长大的老鼠多。同样，玩玩具似乎也有助于大脑的可塑性。对其他动物来说也是如此，比如猴子。

但是小动物真的是在玩玩具吗？乌鸦宝宝当然是在玩玩具。乌鸦、公鸡和渡鸦都是非常聪明的动物，它们和猴子一样聪明，甚至可能跟黑猩猩一样聪明。我之前讲过一种特别聪明的乌鸦，它们只生活在遥远的太平洋岛屿新喀里多尼亚。

新喀里多尼亚乌鸦跟猴子和猿一样，会使用工具。它们还可以使用一种工具来制造另一种工具，并能将工具设计中的新发明传承给下一代，这是动物中罕见的能力。

并非巧合的是，这些动物也有很长的童年期。新喀里多尼亚乌鸦的雏鸟阶段有两年之久，这在一只鸟的生命周期里真的是一段很长的时间。那么长时间的童年，它们是怎么度过的呢？就像人类的孩子一样，它们常常玩耍。但它们不玩乐高积木和布娃娃，而是玩小木棍和棕榈叶。

正如我之前所描述的，在野外，成年的新喀里多尼亚乌鸦能凭借它们的高智商将棕榈叶制作成挖掘工具。它们还能用带刺的木棍做同样的事情，在实验室里，它们甚至可以用金属线来制作类似的钩形工具。

人类婴儿的表现又如何呢？婴儿们也玩露兜树的棕榈叶。但正如你对婴儿的期望一样，他们是完全搞不定的。他们从叶子尖尖的那一端而不是直直的那一端把它捡起，把茎部有刺的一侧朝上而不是朝下，这样虫子就爬不上来了，反正就是胡乱玩耍一番。

在这一过程中，乌鸦父母耐心地给幼鸟提供虫子吃。它们还让幼鸟到自己身边来拿树枝和树叶，这是它们永远不会让另一只成年乌鸦去做的事情。另一方面，其他种类不太聪明的乌鸦也不太能容忍幼鸟做这样的事。而实际上，新喀里多尼亚乌鸦的父母给它们的孩子提供了可供玩耍的玩具。

这些幼鸟的行为看起来毫无意义，它们也确实没产生什么实际效果。但是幼鸟能有机会玩弄叶子和树枝，尝试各种各样的可能性，成功的和失败的，聪明的和愚蠢的。这使它们能够发展出在成年后非常引人注目的高智商行为，至少在使用棍棒方面如此。

还有其他一些鸟类可以作出令人惊讶的复杂行为。但是这些鸟类中有很多似乎在出生时就具备这种复杂性，这是由自然选择决定的。例如，刚孵化出来的小鸡[9]就拥有非常复杂和特殊的知识和技能。这些技能使成年鸡在啄食谷物方面非常有效。可一旦涉及其他任何事情，鸡就会受到阻碍。乌鸦的独特之处在于它们非常灵活。在实验室里，它们可以想出怎样用一根电线做一个钩，尽管在它们生活的自然环境中并没有电线。

哲学家以赛亚·伯林（Isaiah Berlin）曾将哲学思想家分为狐狸和刺猬[10]，这是基于古希腊诗人阿尔基洛科斯（Archilochus）的一句名言："狐狸知道很多事情，刺猬只知道一件大事。"小鸡就像刺猬，它们知道一两件大事，掌握得非常好，而且它们很早就知道。乌鸦就像狐狸，可以学到很多新东西。

为什么狐狸和刺猬如此不同？[11]尽管伯林和大多数哲学家一样，对童年生活也不怎么在意，但生物学研究表明，这种差异可能来源于这些动物在幼时玩耍的时间有多长。

刺猬比狐狸的童年期要短得多。刺猬在6周大的时候就开始独立了；狐狸则需要爸爸妈妈的照顾，直到它们长到6个月大。狐狸爸妈生活在一起，狐狸爸爸会给孩子们提供食物。刺猬爸爸则在交配后就消失了。

小狐狸比小刺猬玩的时间多得多，虽然玩耍方式有点吓人。狐狸妈妈一开始会给小狐狸喂食它们自己消化过的食物，但是当小狐狸还在洞穴里的时候，像老鼠一样，狐狸爸妈就会把活的猎物带过来，然后小狐狸就会玩起[12]捕猎的游戏。

伯林没有说更多关于更像刺猬的柏拉图和更像狐狸的亚里士多德的父亲是奉献自我型的还是游手好闲型的,或者作为哲学家,他们年幼时是否有很多玩耍的时间。尽管动物的幼崽会在一个受长辈保护的环境中玩追逐和吃活猎物的游戏,但是对于参加过哲学毕业生论文答辩会的人来说,这样的场景再熟悉不过了。

但事实上,一个更早的、匿名的哲学家已经厘清了智力、亲代投资和玩耍之间的关系,即使伯林没有做到。每一个4岁的孩子都喜欢《狐狸》[13]这首精彩的歌曲,它最先被写在15世纪版本的《哲学家的格言》(*Sayings of the Philosophers*)一书的扉页上。这里有一个熟悉的现代版本:聪明的狐狸跑进镇子里,智胜农夫,然后背着灰鹅逃跑了。

> 他一直跑到他的安乐窝;
> 那里有他的幼崽,有八只、九只、十只。
> 他们说:"爸爸,最好再回去一趟,
> 因为那一定是一个非常漂亮的城镇啊,城镇啊,城镇啊!"
> 然后狐狸和他的妻子非常和谐地
> 用刀和叉把鹅切碎。
> 他们一生中从来没有吃过这样美味的晚餐,
> 小家伙们啃着骨头啊,骨头啊,骨头啊。

这位不愿透露姓名的哲学系学生不仅描述了这种聪明、善于交际甚至智胜人类的食肉动物,而且还指出了狐狸是那种会把猎物带回自己舒适洞穴的小动物。那只灰鹅是狐狸认知实践和技能形成的源泉，也是美味骨头的来源。

当然，在动物中，我们人类比狐狸还要狡猾。

玩玩具就是在做科学实验

最近，麻省理工学院的劳拉·舒尔茨（Laura Schulz）教授和她的学生们做了一些有趣的实验，研究孩子是如何掌握那些环绕身边的科技小工具的，这些小工具对他们来说，就相当于乌鸦的树枝。当你让一个学龄前的孩子独自玩一个有趣的新玩意时，他们很自然地会将它把玩一番。然而令人惊讶的是，孩子的把玩方式刚好就能让他们得到弄懂这个新玩意所需的信息，对这些孩子来说，玩耍就是做实验。

在一项研究[14]中，实验者将因果感知探测器交给一些4岁的孩子们，当你把某些东西放在探测器盒子上时，盒子就会发光并播放音乐。不过，这一次没有在盒子上放木块，而是使用了串珠，一种可以串在一起，也可以拆开的塑料珠子。

首先，实验人员向孩子们展示，只有一些分开的、单独的珠子可以让盒子亮起来，其他珠子则不可以。然后实验人员交给孩子们一套新的串在一起的珠子，让他们自己玩。孩子们会小心翼翼地把珠子拆开，在机器上单独测试。当专家们偷偷地把珠子串在一起时，孩子们就会巧妙地把串在一起的珠子的一端放在机器上测试，然后再翻转过来测试另一端，这样，他们就可以发现每一颗珠子的功效了。

在另一个版本的研究中,所有的珠子都可以让机器亮起来。当实验人员把串在一起的珠子交给孩子们玩的时候,他们就不太会把珠子拆开。相反,他们只是把串在一起的珠子全都放在机器上。他们似乎意识到,在这种情况下,把珠子拆开并不能带来什么新的变化。

在另一项实验中,实验人员让稍微大一点的孩子探索一个平衡木。[15] 这是一种由支点支撑两端平衡的跷跷板,你可以在一端或另一端增加重物。事实证明,6岁的孩子对平衡木的工作原理有一套不准确但是很聪明的理论。他们认为,如果支点在梁的中心,它就会平衡,不管两端的重物各有多重。

到了七八岁,孩子们就开始有了更精确的质量理论。他们认识到平衡点取决于梁的两个末端的重物有多重。如果你把一个重物加到一端,就得把支点向那一端移动,才能保持平衡。

实验人员用磁铁设计出了恶作剧般的魔术平衡木,在两端重量不相同时依然可以让支点在中心保持平衡,或者支点偏向一端时保持平衡,但那一端的重物却较轻。实验人员的目的是检验孩子们是中心理论家还是质量理论家,于是就让孩子们单独拿着魔术平衡木和一个新的玩具玩。

抱有"中心理论"的孩子更喜欢探索支点偏离中心时的情况,换句话说,当信息与他们已知的理论相矛盾时,他们玩得更多。当支点正好在中间便达到平衡的时候,由于正如他们的预期,他们就不那么感兴趣了,而是更多地去玩那个新玩具。另一方面,抱有"质量理论"的孩子,行为却恰恰相反。当支点在中间达到平衡,但是两端的重量却不均等的时候,他们玩得更多。两组孩子都表现出,玩过平衡木的孩子比没有玩过的孩子更容易发现魔术磁铁的秘密。

所以孩子们的玩耍在一定程度上帮助他们了解了平衡木，而他们玩平衡木的方式反过来又取决于他们对平衡木如何工作的看法。

伟大的科学哲学家卡尔·波普尔曾指出，优秀的科学家应该对与自身理论相矛盾的证据更感兴趣，而不是对能够证实自身理论的证据更感兴趣。这些孩子似乎听从了波普尔的建议。当他们看到与自己的理论正相反的证据时，便被吸引着去做实验，只不过他们是通过玩来进行的。

最近的一项研究表明，即使是很小的婴儿也是如此。艾梅·斯塔尔（Aimee Stahl）和莉萨·费根森（Lisa Feigenson）[16]系统地展示了11个月大的婴儿和科学家一样，当他们遇到与自己的预测相违背的情况时，会特别注意，因此也对此学得特别好，甚至还会做实验来弄清楚到底发生了什么。

这两位科学家从一些经典的研究中得出结论，**当婴儿看到一些意想不到的事情发生时，他们会看得更久一些**。婴儿们要么看到了不可能发生的事情，比如一个球穿过一堵牢固的砖墙，要么看到了很容易理解的事情，比如同一个球在空无一人的房间里移动。这两种情况出现后，他们都会听到球发出吱吱的声音。当球表现出出人意料的移动方式时，婴儿们更有可能记住球发出了声音，而不是当球表现出可预测的移动方式时。

在上一个实验中，一些婴儿看到了神秘的会消失的球或容易理解的实心球，而其他婴儿则看到球沿着壁架滚动，或是从壁架末端滚下来，明显地悬浮在空中。然后实验者把球给婴儿玩。当婴儿看到球表现得出乎意料时，会更多地探索它。他们会用不同的方式来探索：当他们看到球神秘地消失在墙壁里时，会"砰砰"地把球猛击出去；当他们看到球在空气中悬浮时，他们会把球从高处往下丢。就好像是在测试，看这个球是实心的，还是真的不受重力影响。

这些实验表明，婴儿可能比成年人更适合做科学家。成年人经常受到"确认偏误"（confirmation bias）的困扰，我们会关注那些已知的东西，而忽略那些可能会动摇我们先入为主的观念的东西。

达尔文有一份著名的特别清单，上面保留了与他的理论不一致的所有事实，因为他知道，如果不这样做，他会忍不住忽视或忘记它们。

另一方面，婴儿对意想不到的事情有一种积极的渴望。就像卡尔·波普尔所认为的理想型科学家一样，他们总是在寻找一个事实来证明自己的理论是错误的。他们通过玩耍和探索来发现那些事实。

假装是人类独有的玩耍方式

老鼠、狐狸和孩子都会打闹，乌鸦、海豚和孩子都会玩"玩具"，但是人类孩子的玩耍方式要更加不同寻常，事实上，这很可能是人类独一无二的行为，那就是假装。[17]

孩子从一岁起就会假装，在三四岁达到顶峰。自从奥吉开始参观我的花园，那里的鳄梨树就变成了一只老虎的家，仙人掌群里则隐藏着一只《怪兽公司》里的怪兽，还有三位仙女住在太阳能灯里，随着风铃跳舞。你可以在晚上冒险去看他们，只要你紧紧抓住祖母的手。

假装游戏的内容因文化而异，[18]从疯狂的幻想到更实际的房子和狩猎游戏。在一些社区，甚至包括美国的一些社区，父母们都积极地劝阻孩子不要假装。但是在所有的文化中,孩子们都会假装,[19] 至少在某些时候是这样。似乎孩子们一直都会假装。[20] 考古学家在青铜器时代的儿童生活区域里发现了 4000 年前的洋娃娃和微型厨房用具。

但是为什么要假装呢?你可以看到打闹或探索游戏可能带来的好处,这些小动物有机会锻炼它们成年后所需要的技能,或者发现一些关于棍棒或器具的新玩法。但是,为什么要练习思考那些不仅是不真实,而且永远无法成真的事情呢?

在过去,像皮亚杰这样的心理学家认为,孩子爱假装是因为他们不能区分现实和幻想。但是正如我们所看到的,即使很小的孩子也擅长区分这两者。在某种程度上,他们知道,即使是最喜爱的想象中的朋友和最恐怖的想象中的敌人,都不是真实的。

> 如果孩子不会因为困惑而假装,他们为什么要假装呢?其实,假装与人类的另一种特殊能力密切相关,即假设或反事实思维能力,即思考世界可能存在的其他方式的能力。反过来,这也是人类强大的学习能力的核心。

反事实思维,想象力与创造力之源

贝叶斯学说[21] 是近年来关于人类学习最有影响力的学说之一。它是以 18 世纪的神学家和概率论的先驱托马斯·贝叶斯(Thomas Bayes)的名字命名的。贝叶斯学派认为学习本身很像科学进步的状况。我们会考量一系列不同的假设对世界如何运作的不同描绘。有些假设可能比其他假设更有可能是正确的,但没有一个是绝对正确的。当我们说相信一个假设是正确的,我们真正的意思是，到目前为止，这是我们最好的猜测。

现在假设我们做一个新的实验或者进行一项新的观察。新的证据可能会让我们重新考量那个最好的猜测。也许有一个不同的假设能更好地解释新的证据。如果另一个假设成立，会发生什么呢？

如果新的假设能更好地解释所有的证据，包括旧的和新的，那我们可能会认为它更有可能是真的。它将取代我们以前暂定为"真理"的想法。

孩子也会做实验和进行观察，尽管我们将这些行为描述为"很可爱""对一切都着迷"。当舒尔茨实验室里的孩子们拆开串珠，或者在因果感知探测器上先测试一个，再测试另一个时，他们正在收集有关机器如何工作的新数据。在平衡木实验中，孩子们对与他们目前对世界运行方式的看法相左的新数据产生了浓厚的兴趣。

几乎是以同样的方式，实验物理学家索尔·珀尔马特（Saul Perlmutter）和他的同事们摆弄着电波望远镜发现了宇宙膨胀的速度比我们想象的要快。尽管他们使用的"玩具"要贵得多，但同样，这些"玩具"为他们赢得了诺贝尔奖。

探索新发现的第一步是发现你目前的假设是错误的。但这一过程还有另一个阶段，即穷尽思考其他假设。 珀尔马特的发现促使理论物理学家急忙寻找其他解释。想一想这需要什么：你必须接受一个假设，考虑如果它是真的会发生什么。例如，如果真的存在一个多重宇宙，我们期望得到什么样的数据模式？或是怎样的宇宙常数？这看起来与珀尔马特得到的意料之外的数据相符吗？

这个过程很像假装。你从一个你认为是错误的前提开始。伯克利校园后院的鳄梨树上可能没有老虎，然后你就知道这个错误前提的结果是什么了。如果有一只老虎，那你最好小心翼翼地接近它。如果老虎睡着了，你和祖母可能应该蹑手蹑脚地从它身旁走过，而不是冒险吵醒它。

当然，奥吉的老虎和暗能量理论是有区别的。物理学家正在寻找自己目前不相信的理论，但这理论可能是真的，而奥吉似乎并不关心老虎是否真的存在。但物理学家的假说和寻找真理的过程其实与孩子的玩耍相当类似。事实上，根据生物学家的定义，玩耍是当幼小的动物练习一项有用的技能时发生的事情，尽管它不会马上带来有用的结果。

用这种反事实的方式思考对成年人来说是一项非常有用的技能。这就是我们所说的想象力和创造力的力量。反事实思维对了解世界至关重要。为了学习，我们需要相信我们现在所认为的可能是错误的，并想象世界将会如何不同。

如果我们想要改变世界，反事实思维也是极为重要的。为了改变世界，我们需要认识到世界可以是不同的，然后真正开始朝这个改变的方向推进。事实上，我身处的房间里的几乎所有东西，无论是编织物、木工椅子，还是电灯和电脑，在一个更新世的古人类看来，都是狂野的想象。我们的世界一开始就是祖先头脑中一个反事实的想象世界。

假装的另一种意义是，[22] 它给予孩子们一个安全的空间，去练习更高层次的心智技能。就像嬉戏打闹给予了小老鼠一个安全的空间去练习战斗和狩猎，探索游戏给予了乌鸦幼鸟一个安全的空间去练习使用木棍一样。

但你能证明这是真的吗？在实验室里研究玩耍的意义并不容易，正是因为"郝薇香小姐原则"：你无法叫孩子们用一种特定的方式玩耍，又不破坏整个练习的意义。但是我的研究生黛芬娜·布克斯鲍姆（Daphna Buchsbaum）[23]想出了一个聪明的方法让孩子们可以自发地玩假装。

首先，布克斯鲍姆向孩子们介绍了一只玩具猴子，并告诉他们今天是猴子的生日。她有一台特殊的机器，可以演奏《生日快乐》，这样他们就可以唱歌给猴子听。这个主意是我们的老朋友因果感知探测器的翻版。一些叫作 zandos 的积木块可以让机器演奏。孩子们很快就学会了机器的工作原理，并熟练地使用起 zandos。例如，他们发现绿色的积木块是 zandos，而红色的不是。

然后我们问了孩子们一个关于机器的假设问题：如果绿色积木块不是 zandos，会发生什么？如果红色积木块是 zandos 呢？为了回答这个问题，孩子们像理论物理学家一样，必须考虑如果一个真实的前提是假的会发生什么。

令人惊讶的是，大多数三四岁的孩子都能做到这一点，但并不是所有的孩子都做得到。大约有 1/3 的孩子是严肃认真的写实主义者，他们的回答是真正会发生什么，而不是如果物品不一样，可能会发生什么。

现在，实验中最有趣的部分开始了。有人敲了敲门，一个心烦意乱、专横跋扈的助手走了进来，要拿走那台会唱《生日快乐》的机器。当然，布克斯鲍姆表现得很沮丧，但助手坚持要把机器拿走。沮丧之下，她转向同样沮丧的孩子们说："哦，我们不能为猴子演奏音乐了。我们应该做什么呢？"然后她突然有了一个好主意："我知道了，我们可以假装。"于是她拿起一个普通的纸板箱和几个恰好放在四周的积木块。"让我们假设这个盒子是机器，这个方块是 zandos。"孩子们对这个巧妙的解决办法很感兴趣。这个故事有点像《皆大欢喜》(As You Like It)里不太可能发生的情节：奥兰多喜欢罗瑟琳，但是当他们在森林里相遇时，罗瑟琳却伪装成一个男孩。所以她建议奥兰多假装她是个女孩。但事实上，她建议奥兰多应该假装她是罗瑟琳。无论如何，孩子们都和奥兰多一样，很容易就做到了。

在解决了郝薇香小姐式的问题后，布克斯鲍姆继续让孩子们假装。更具体地说，她让孩子们假装那个积木块就是 zandos。孩子们高高兴兴地把积木块放在盒子上，然后假装盒子在放音乐。他们甚至一起哼唱。

接着布克斯鲍姆让孩子们假装那个积木块不是 zandos：现在如果你把积木块放在机器上，它只会导致假装的沉默。孩子们也确实假装了沉默。如果你细想一下就会发现，最后这个实验有点让人难以置信，孩子们不得不将一台本就没在演奏音乐的机器假想成一台没在播放音乐的机器，就像奥兰多将本就是真的罗瑟琳假想成罗瑟琳一样。

大多数孩子不仅会假装，他们还在假装的前提下进行了巧妙的阐释。就像花园里的奥吉一样，他们高兴能走得比大人更远。孩子们假装机器在播放不同的歌曲，还给了猴子精心包装的隐形假礼物。他们还会自发地"实验"，在机器上尝试不同的假积木块，并显得很注意假装的结果。

然而，又一次，大约 1/3 的孩子是严格的小家伙，他们直接告诉实验者事实：从来没有播放过任何音乐。有趣的是，这些孩子正是那些严肃地回答了前面的反事实问题的那些孩子。戏谑假装与思考可能性的能力密切相关。

但是，这仅仅是因为善于假装的孩子比其他孩子更聪明，还是因为他们更善于抑制从字面上回答问题的冲动呢？在第二个实验中，我们还测试了每个孩子的总体认知能力和执行功能。这些能力与假装的能力或反事实思维的能力之间并没有关系。假装和思考可能性是紧密联系在一起的。在之后所做的实验中我们发现，让孩子先行假装可以让他们在之后的反事实推理中表现得更好。我们不知道为什么有些孩子比其他孩子更喜欢假装，但我们目前正在探究这是否取决于他们看到了多少别人的假装。

爱假装的孩子善于弄清别人怎么想

如果假装能帮助你练习那些对学习很重要的反事实思维能力，你可能会期望更喜欢假装的孩子也会学到更多。事实上，有一些证据表明确实是这样的。但并没有足够的证据表明，假装能提高学校培养的各种学术技能。但这种学术学习并不是对孩子以及我们其他人最重要或最具挑战性的学习。

到目前为止，对孩子来说最重要也是最有趣的问题是弄清楚别人的想法。心智理论，顾名思义，就是找出他人的欲望、感知、情感和信仰的能力。这很可能是人类最重要的一种学习种类。

当你观察自闭症患者时，你就会发现这有多么重要了。当然了，自闭症谱系障碍（ASD）[24]是一种复杂的综合问题，但其中一个核心问题似乎是自闭症儿童很难理解别人的想法。这导致了这类病人会有令人痛苦的社交困难。

即使是很小的婴儿也能理解别人的思想和自己的思想是怎么回事。到了20岁，甚至30岁、40岁、50岁的人都仍然在学习。但是18个月到5岁是发展心智理论[25]的重要时期。

孩子们会在此期间学习人们的欲望、情感和信念如何运作的基本事实。他们知道不同的人可能想要的东西不同，相信的东西可能也不同。他们了解到，这些差异可能会导致人们以非常不同且难以理解的方式行事。

孩子们可以对现实的世界进行假装，但他们大部分自发的假装关注的都是人们或是像老虎、怪物和精灵之类的和人类相似的生物在做什么。当奥吉和我蹑手蹑脚地穿过月光照耀的花园时，我们正在预测那些无法解释的生物的行为，比如泰坦尼亚、爱丽儿和小仙女。

假想同伴（imaginary companion）是这种假装游戏的一个特别生动的例子。假想同伴既迷人又令人毛骨悚然，人们常常认为这是天才、疯子或两者兼有的征兆。但这其实非常常见：心理学家玛乔丽·泰勒（Marjorie Taylor）[26]发现，约有66%的学龄前儿童都有某种假想同伴，他们通常是友好的，但有时很吓人，而且通常来说有点奇怪，比如一只有巨大斑点尾巴的恐龙，或者一个居住在南极的长发拖地的女孩。

有假想同伴的孩子[27]并不比其他孩子更聪明或更疯狂。但泰勒发现，在对人的假想和心智理论之间，存在着一种非常清晰而有力的关系。她向孩子们提出问题，解决的方法需要他们理解别人的想法。例如，一个非常有名的任务就是所谓的错误信念测试。你可以给孩子们看一个创口贴盒子，但里面装的是回形针而不是创口贴。然后你可以问他们认为盒子里装的是什么，以及其他人认为盒子里装的是什么。小一点的孩子说，他们总是认为盒子里有回形针，其他人也一样。而到5岁时，大多数孩子都能够理解自己过去的错误信念和别人的错误信念，但是自闭症儿童在解决这类问题上有着特殊的困难。

更喜欢假装的孩子在理解他人方面有明显的优势，他们在这些错误信念测试中做得更好。这种优势对于那些有假想同伴的孩子来说尤其明显。

假装甚至可以让成年人成为更好的心理学家。对于成年人来说，小说和戏剧就相当于假装游戏和假想同伴。研究表明，阅读小说和假装有同样的优势。读过大量小说的人总是更善解人意，更善于理解他人。[28] 他们在成人版本的心智理论测试中比阅读等量非小说类书籍的人做得更好。

那么这是原因吗，还是只有相关性？在一项研究中，[29] 实验人员让人们阅读文学小说、通俗小说或非小说类的文章。然后，实验人员要求被试根据他的行为或者面部表情来判断他在想什么。结果发现文学小说在解决心智理论问题方面有即刻的帮助。通俗小说和非小说类文章则没有同样的效果。所以，如果你真的有兴趣提高自己对心理学的理解，你应该马上放下这本书，去读艾略特的《米德尔马契》。

玩耍教会我们如何应对意外

嬉戏打闹的玩耍可以帮助动物和孩子与他人互动，探索性游戏可以帮助动物和孩子了解事物是如何工作的，而假装玩耍可以帮助孩子思考可能性并理解别人的想法。

但是我们还没有真正回答这个问题：玩耍为什么会有帮助？答案可能来自工程学而不是心理学。大自然有时候也会使用同样的技巧，就像书呆子也会创造出新东西一样。

假设你想制造一个机器人,你不会只是想制造一种像大型工业机器人那样只会一遍又一遍地做同样事情的机器人。相反,你希望这个机器人能够适应不断变化的世界,就像动物和人类一样。那你应该做什么呢?

设计一个只会做一件事的机器人相对容易,但要设计出一个能够应对不断变化的环境的机器人则要难得多。你可以设计一个会走路的机器人,但是如果你把它侧翻过来,或者让它撞到墙上,或者它扭伤了膝盖甚至失去了一条腿或一只胳膊,会发生什么呢? 有生命的物体可以流畅地适应这样的变化。想象一名受伤的士兵是如何对自己正常的步态做出大幅的调整,学会用假腿走路甚至跑步的? 但同样的情况下,机器人通常会变得无助。

计算机科学家霍德·利普森(Hod Lipson)[30]发现,有一种策略是让机器人去发展自己身体的内部图像,然后机器人就可以预测如果身体内部或外部发生变化会怎么样了。这很像贝叶斯式的孩子想知道如果那个积木块是zandos会发生什么。最好的办法是给机器人一个玩耍的机会,让它随机地尝试不同的动作并计算出结果。

在试图做出任何有用的事情之前,利普森的机器人会以一种傻傻的、随机的方式开始跳舞,就像在婚礼上喝醉酒的表哥一样。但是之后,它可以利用在好玩的跳舞阶段收集到的信息来决定当意外发生时该如何行动。即使工程师们拆除了其中一个机械臂,它仍然可以行走。那个一开始看起来明显没有用处的舞蹈将使机器人在以后更加强大。

这个机器人也许可以给我们提供一些关于孩子玩耍的好处的线索。玩耍可以让孩子们随机多变地尝试一系列的行为和想法,然后计算出结果。就像利普森的机器人在测试自己身体的运动,小老鼠在尝试不同的攻击和防御模式，小乌鸦把棍子上下颠倒，右端朝上，或是孩子在摆弄平衡木。

在假装游戏中，实验可能更多的是关于内心活动的。孩子们或者成人小说读者们正在考虑，如果这个世界是不一样的，会发生什么，并计算出结果。如果那天确实是猴子的生日呢？或者那确实是娜塔莎的第一个球会怎么样？又或者那的确是皮埃尔的第一场战役呢？

玩耍本身的小愚蠢以及它表面上看起来随机、怪异的特征，正是它如此有效的原因。利普森本可以尝试预测他的机器人后代在什么情况下应该做什么，就像我们尝试对孩子所做的那样。但这只会让机器人和孩子知道当预期发生时应该做什么。**玩耍所带来的礼物是它教会了我们该如何应对意外。**

这也有助于解释关于玩耍的另一些令人困惑的事实：为什么玩耍是有趣的？为什么我们会从好玩的行为中获得特别的乐趣？我们很容易知道目标导向的行为是值得去做的，毕竟，我们达到了目标并得到了回报。但是，如何确保动物或孩子能够应对进化也没有预料到的情况呢？我们总是会遇到意想不到的事情，不管是被撞坏的膝盖、新的摔跤或调情动作，还是同伴向我们扔来的任何心理上的惊喜。工程学的研究工作表明，让机器人、动物或孩子有机会玩耍，有机会广泛地探索、随机地行动、傻傻地做事，正是解决之道。

但要做到这一点，你需要让探索变得有趣，可以独立于任何特定的结果。这有点像性行为。从内心的角度来看，我们追求性是为了寻找快乐，而孩子只是个副产品。但从进化的角度来看却是相反的：繁殖才是最终目的，而我们在性方面的快感只是促使我们达到目的的诱因。

所以，我们玩耍不是因为我们认为它最终会给我们带来强大的认知功能，尽管这可能是玩耍的进化动力。我们玩耍是因为它太有趣了。

"玩"就很好玩，不需要理由

虽然还有很多研究要做，但玩耍和学习是密不可分的，对于老鼠来说是这样，对于艾丽丝·芒罗的读者来说也是一样。显然，让孩子玩耍很重要。但是对于照顾孩子的人来说，还有更多可说的吗？父母能以某种方式帮助孩子玩得更好吗？

一个令人沮丧的、郝薇香小姐式的发现是，成年人实际上会妨碍孩子的玩耍。

园丁实验室
THE GARDENER AND THE CARPENTER

伊丽莎白·博纳维茨（Elizabeth Bonawitz）[31]和她的同事们将串珠实验中好玩的探索性学习与学校教育的直接指导进行了对比。他们交给学龄前孩子一个玩具，里面有很多塑料管，可以做不同的事情。如果你按下一根管子，就会响起"哔哔"声，另一根管子里面则藏着一面镜子，还有一根管子按下能让灯亮起来，再有一根管子按下能播放音乐。

实验者把玩具带进来，对其中一半的孩子说："看这个有趣的玩具呀！哦不！"她"不小心"按下了一根管子，"哔哔"声就响了。而对于另一半的孩子，实验者则表现得像个老师。她说："哦，看我的有趣的玩具呀！让我给你们展示一下它是怎么工作的。"然后她有意地按动那根管子，让"哔哔"声响起。之后，她就让孩子们自己玩。

两组孩子都立即按动管子发出了"哔哔"声,因为他们已经知道这根管子是如何工作的了。问题是他们是否也能了解玩具中的其他管子所能做的事情呢?当实验者不小心激活了玩具时,孩子们被吸引住了,开始玩耍。通过随机地尝试不同的动作,他们发现了其他管子能做的所有事情。但当实验者表现得像个老师时,孩子们就只会按动那根管子发出"哔哔"声,然后不断地重复,让人听得非常烦躁,而不是去尝试新的方式。

与有意地教孩子相比,在实验者"不小心"弄响管子的情况下,孩子会玩得更久,他们尝试了更多不同的方式,发现了更多玩具的"隐藏"特征。

教学是一把双刃剑。孩子对他们所受的教育非常敏感,但教学似乎阻碍了孩子去发现玩具所能提供的一切其他可能性。孩子更愿意模仿老师,而不是自己去发现事物。

像我这样的大学老师会认识到,这种综合征会一直延续到成年。

还记得我在第4章中描述的3类行为模式[32]实验吗?在那个实验中,4岁的孩子看到一个成年人用一个复杂的序列玩玩具:摇晃它,挤压它,然后拉一个拉环;或者轻轻敲打它,按一个按钮,再将它翻转过来。有时候玩具会播放音乐,有时则不会。事件发生的模式表明,可能会有一种更简单的方法使机器运行。例如,你所要做的就是拉一下拉环。

当实验者说不知道该怎么玩那个玩具的时候,孩子发现了更聪明的策略。但是当实验者表现得像个老师,说是在向孩子展示玩具应该怎么玩的时候,孩子则模仿起这个"老师"所做的一切。

那么，作为成年人的老师总是会把事情搞砸吗？不一定。自发性玩耍的本质是没有指导且有很多种可能的。但是如果你想教孩子一些特别的东西，比如我们在学校经常做的事情，你应该怎么做呢？

园丁实验室
THE GARDENER AND THE CARPENTER

在一项研究中，[33] 实验人员试图教给学龄前孩子一个具有挑战性的几何概念：形状。学龄前的孩子还不知道任何几何学上重要的关于形状的基本原理，他们一开始并不知道三角形是有三个边的形状，无论它的边是长是短，内角是锐角还是钝角。

实验人员给4岁的孩子们一组卡片，卡片上有不同的形状，都是比较典型的形状，比如等边三角形或正方形，还有一些不常见的形状，比如平行四边形。第一组孩子只管去玩卡片就可以了。

对于第二组孩子，实验人员也加入了进来。他们像侦探一样，解释说他们要去发现这些形状的秘密。然后他们指向一组几何学上定义的三角形或五角形，要求孩子们找出这些形状的共同秘密。当孩子们回答时，大人们详细地阐述了他们说了什么，同时又问了孩子们一些问题，这些都是游戏的一部分。对于奥吉来说，我也用同样的方式向他详细描述了老虎和仙女的概念，否则他自己可能不会想到泰坦尼亚和爱丽儿这两个名字。

对于第三组孩子，实验人员则表现得像老师。他们跟孩子们说的和第二组中实验人员说的一样。然而，他们没有鼓励孩子们自己去发现秘密，而是简单地告诉了他们秘密是什么。

一个星期后，实验人员给了孩子们一组新的形状，其中包括符合几何规则的"真"形状，还有一些不符合几何规则的"假"形状，要求孩子们从中挑出"真"形状。结果，第二组"引导游戏"[34] 条件下的孩子比另外两组孩子做得都好。他们更深入地了解了形状的本质，更全面地理解了这些原则。

这种引导游戏可以作为老师和教育者的示范。科学家们用"支架"这个词来描述这种互动。并不是成年人为孩子建构知识，相反，成年人需要为孩子建造一个支架，这个支架能帮助孩子自己建构知识。这个关于引导游戏的研究与我之前描述的关于孩子的学习和倾听的研究方法是相似的。照顾者可以通过很多方式来帮助孩子玩耍，而不需要告诉他们如何玩耍或试图控制他们的玩耍方式。

第一，有一个重要的来源于动物研究的教训。玩耍是人类童年的重要组成部分，即使在恶劣的环境中也会出现，孩子们甚至在恐怖的纳粹集中营里也会玩耍。不过当然，在一个稳定、安全的环境中玩耍时，孩子们是最活跃的。

> 在寻找创造环境的资源方面，照顾者比任何其他人都更重要。这不是一件容易的事，也不是特别有趣，没有人可以做到完美，但这是一份可以让孩子们玩耍的礼物。

第二，照顾者可以为孩子世界的丰富性做出贡献。孩子们在不同的文化中玩耍的方式不同，部分是因为他们被不同的东西包围着，从棍子、石头、玉米棒到平板电脑。成人可以给孩子提供这些玩具，他们可以给孩子提供一个能够掌握自身文化属性的特定工具的机会，就像成年乌鸦让幼鸟玩树枝和树叶一样。

《连线》杂志曾经举办过一场竞赛，向棍子颁发了"有史以来最好的玩具"奖项。但其他诸如锅碗瓢盆、花洒和花盆、金鱼和毛毛虫,甚至还有手机和平板电脑,也都可以加入最好的玩具行列。

成年人有时也可以加入孩子的玩耍。如果孩子在探索他人的心智,那么真实的其他人的心智才是最好的玩具。"引导游戏"是一个很好的例子。成人允许孩子带路,但他们也在一旁提供建议或精心设计,同时戴着那些傻乎乎的"侦探帽"。

和孩子们一起玩有一个更重要的原因。玩耍对成年人来说也很有趣。这是对准备足够资源让孩子茁壮成长的不那么有趣的工作的一点补偿。显而易见的是,我和奥吉一样喜欢花园里的仙女们,而且如果没有奥吉,我也不太可能去玩如此装模作样的游戏。我也不会在地毯上开着闪电麦昆的车,或是在一个旧罐子里装满积木,假装那是一碗汤,或是像那些出了名的爱惹是生非的小猴子一样,在床上跳来跳去。和小妹妹乔治玩躲猫猫和小蜘蛛也很有趣,尤其是她那富有感染力的"咯咯咯"的笑声。

但是,当代中产阶级的父母可能只有在他们确信这是父母工作的一部分时才会允许自己玩耍。在美国有一种著名的清教徒气质。我们有一种诀窍,可以将其他文化中简单的快乐转化为繁重的工作,从食物、散步到做爱。我们遵循地中海式的饮食习惯,而不是只吃意大利面和番茄,我们做有氧健走,而不是饭后散步,我们练习《性爱的愉悦》(*The Joy of Sex*)里的内容,而不是享受性爱本身的乐趣。

我们有充分的理由认为,让孩子自发、随机、自主地玩耍有助于他们学习。但进化故事的另一部分是,玩耍本身就是一种令人满足的乐趣,它是父母和孩子快乐、欢笑的源泉。如果没有其他理由,玩耍时的纯粹乐趣就足够了。

THE GARDENER AND THE CARPENTER

07
边练边学

Adults often assume that most learning is the result of teaching and that exploratory, spontaneous learning is unusual. But actually, spontaneous learning is more fundamental.

成年人通常认为大多数学习是教学的结果,
而探索式的自发学习是不常见的。
但实际上,自发学习更重要。

到目前为止，我主要谈论的是很小的孩子，大约6岁。年幼的孩子特别易变，他们富有创造力，而且会搞得一团糟，照顾他们尤其困难。但是当孩子长大了又会发生什么呢？

当然，对我们的孩子来说，发生的事情就是要去上学了。学校成为年长孩子的照顾者。事实上，心理学教科书将孩子划分为学龄前和学龄期，就好像学校定义了一个基本的生物学差异。但是，"学校教育"实际上只比教养模式的历史早一点点。在人类历史上，学校仅仅存在了几百年。

当代的育儿困境与同样严峻的教育困境有相似之处。和父母一样，教育工作者对于学习和发展的认识从科学的角度来说往往是不准确的。事实上，他们有着同样的问题。误导人的观点是，教育应该把孩子塑造成一种固定模式的成人。标准化考试的显著普及就是一个很好的例子。一所学校的工作就是培养孩子在标准化考试中取得优异成绩。

教养模式至少有合理的目标，比如把你的孩子培养成快乐、成功的成年人，即使并没有明确的方法来实现这些目标。但是除了原则之外，在实践中，学校教育最终是致力于达成任意的甚至是武断的目标，比如考取高分、获得第一等优异的成绩以及进入下一阶段的学校。

对养育的误解不仅与对学校教育的误解相一致，两者间还相互作用。在一个学校教育是成功关键的世界里，父母的责任不可避免地变成了确保孩子在学校取得成功。

如果学校对大一点的孩子给出了错误的引导与教育，那么正确的引导与教育应该是什么样的呢？从科学的角度来看，学习与考试成绩根本无关，而是要追踪周围世界的真实面貌。所有的孩子都天生会被驱使去创造一幅精确的世界图景，并利用这幅图景来对替代方案和设计计划进行预测、阐释和想象。他们都想要而且需要去了解这个世界。

但事实是，6岁孩子的学习方式与年幼的孩子截然不同，而且他们总是这样。从6岁到青春期的这段时期与更早的婴儿时期和童年早期一样非常不同。从狂野、疯狂、富有诗意的学龄前儿童，到心智健全、头脑清醒的七八岁儿童，这一切都发生了翻天覆地的变化。事实上，**地球上可能没有比你8岁的孩子更理智、更清醒的生物了。**

学龄前孩子的进化任务是尽可能广泛地探索各种可能性。这种探索让孩子发现了关于世界如何运作的基本原则，这些原则将在他们成年后支撑起他们做事情的能力。

> 学龄孩子的工作则是开始成为真正有能力的成年人。他们的进化目标是实践和掌握自身文化中的特殊技能,尤其是社交技能,而在此期间,他们仍在成人看护的安全范围内。

这种向新的学习方式的转变可能会因为进入学校而加剧。但在学校发明之前的历史时期,以及在其他学校教育不那么普遍的人类文化中,人们也认识到,有些东西在孩子六七岁时就会发生变化。从历史上看,这个年龄的孩子开始成为非正式的学徒,学习成为猎人、骑士或厨师。过往,当孩子们真正开始工作的时候,他们的职业生涯就开始了。显然,有了成年人般的牙齿,就要承担起新的成年人般的责任。

我们在幼儿身上看到的那些学习方式在大一点的孩子身上仍然很重要。大一点的孩子和小一点的孩子一样,都能创造和修正有关世界运作的直觉理论。他们自发地发展出了物理学、生物学和心理学的新概念。例如,大约在 10 岁的时候,孩子开始发展出密度的概念,并将密度与体重区分开来。[1] 六七岁的孩子开始以一种新的方式理解生物学。[2] 4 岁的孩子认为,当你死去的时候,你只是搬到了一个不同的地方,而大一点的孩子则会悲伤地认识到,死亡是一个不可逆转的过程,尤其是养宠物鱼[3]或生活在农场的孩子[4]。年龄大一点的孩子开始能够领悟微妙的心理概念,比如讽刺[5]和矛盾心理,他们也知道当你在说一件事的时候,指的可能是另一件事,或者同时感受到悲伤和幸福。[6]

七八岁的孩子也热衷于我们在婴儿和学龄前孩子那里看到的那种探索和发现。大一点的孩子也擅长聪明的模仿和观察学习。他们能理解从他人那里听到的各种证言,他们会从周围的成年人那里听到各种各样经常相互冲突的信息，而变化、混乱和玩耍会继续帮助孩子以强健、灵活和创造性的方式学习。

学龄孩子也热衷于我称为"掌握式学习"（mastery learning）的学习方式，而不是"探索式学习"（discovery learning）。掌握式学习是关于运用已知的，而不是关于探索新知的。

> 在掌握式学习中，你学到的不是什么新东西，而是把你已经学过的东西变成第二天性。你对一个老问题的解决方案了解得如此之多，以至于你甚至不需要去想它，这让你可以毫不费力且快速、高效地利用自己的技能。

这两种学习方式之间可能存在一种权衡。孩子有时比成年人更容易学到新东西，同样，学龄前的孩子在某些种类的学习上比学龄孩子更擅长。特别是在学龄阶段，孩子的知识变得越来越根深蒂固和自动化，他们的行为也变得更加有效。但正因为这样，他们也变得更难以改变。

在某种意义上，掌握式学习与其说是让人变得更聪明，不如说是让人变得更愚蠢。我们可以把学到的东西变成自动甚至是无意识的程序。这就解放了我们的专注力，以及对新发现的思考。

促进掌握式学习的活动与促进探索式学习的活动不同。使知识变成自动化的是可以让你进入卡内基音乐厅的那些工作：练习，练习，再练习。通过使用特定的信息或一遍又一遍地使用某一项技能，人类最终达到了甚至不需要思考的地步。在一些环境中，比如在芭芭拉·罗戈夫[7]研究的危地马拉村庄，这种练习发生得很自然，如果你在一年里的每一天都做玉米饼的话，你会做得很好。在西方文化中，无论是贫穷的还是富有的孩子都是如此，他们在连续玩了几个小时的视频游戏[8]后就会变得异常熟练。

这两种学习方式似乎涉及不同的底层机制，甚至不同的大脑区域。孩子发展掌握式学习的时间要晚于探索式学习。**婴儿和最聪明的成年人一样擅长探索式学习，甚至婴儿可以做得更好。但随着年龄的增长，人类似乎越来越擅长掌握式学习。**

特别是，正如我们之前看到的，随着孩子长大，他们的大脑前额叶区域[9]即大脑的执行办公室对大脑其他部分的控制越来越强。婴幼儿会注意到任何有趣和有价值的东西，他们因此而学习。但随着年龄的增长，我们的学习越来越多地指向特定的目标。掌握式学习需要一种可控制的专注力，而这对年幼的孩子来说是不可能的。

还有其他一些变化[10]也有助于掌握式学习被越来越多地使用。神经连接被广泛地修剪，许多连接消失了。剩下的神经连接，尤其是经常使用的那些会越来越多地被一种叫作髓磷脂的物质覆盖，这种物质能使它们成为更高效的导体。与此同时，大脑变得更加专业化。小一点的孩子在完成任务时，通常会比大一点的孩子或成年人使用更多的大脑区域。

所有这些变化都有助于年轻大脑的改变。学龄前孩子的大脑非常灵活，容易改变，但也很嘈杂。学龄孩子的大脑效率更高，但也更僵化。

掌握式学习之所以成为可能，部分是由这些变化导致的，但帮助我们掌握一项技能的实践和控制的经验本身也会改变大脑。当你一遍又一遍地使用同样的神经连接时，例如，当你在钢琴上反复弹奏音阶时，这些神经连接就会变得更强、更有效,就像一遍又一遍地投掷棒球会加强你的肩部肌肉一样。但它们也会变得更难以改变。这两种变化很可能是相互作用的。大脑的变化使新的经验更有可能发生,而这些经验反过来又重塑了大脑。[11]

学徒训练是历史主流教育方式

掌握是如何发生的呢?在人类历史的大部分时间里,童年时期的学习意味着学徒训练,但那并不是在学校里进行的。孩子们先是在家中或在家庭之外非正式地学会了掌握技能,越往后就会越正式。那时的大多数人是觅食者或农民,孩子会通过帮助大人工作来学习,其实现在他们也仍然在这样做。[12]孩子还通过成为师傅和工匠的学徒来学习更专业的技能。

学龄前孩子对周围人的模仿显示出了学徒训练的一些端倪。不用说父母,就连人类学家和文化心理学家都发现,即使是很小的蹒跚学步的孩子,也会被吸引着去模仿他们看到的长辈所做的一切,从使用砍刀到做煎饼。但是,学龄前的孩子基本上是通过玩耍来模拟成人技能的,而学龄孩子则开始真正地掌握这些技能。与自己一个人做煎饼相比,和一个两岁大的孩子一起做煎饼其实要做更多的工作,但是在八九岁的时候,孩子就可以真正地为家庭经济收入做出贡献了。学徒训练既是一种玩耍,也是一种工作。

> 学龄孩子像更小的孩子一样会观察和模仿。但当他们与技能熟练的成年人在一个不断尝试和犯错的独特循环[13]中互动时,他们会学得特别好。

学徒会用心观察师傅,然后自己尝试技巧简单的部分。可能是搅拌汤锅、剪出图案或是初步加工一个木工框架。然后，师傅通常会相当挑剔地评价学徒所做的工作，并让他再做一次。随着每一轮的模仿、练习和评价，学习者的技能都会越来越熟练，也可以处理整个过程中越来越多且要求更高的部分，比如酱汁的调配、女士内衣的箭褶、榫头和榫眼的接头。

学徒训练需要艰苦的练习。一个日本禅宗的故事讲述了一个名叫柳十郎（Matajuro）[14]的学生，他迫切希望受到剑术大师伴藏（Banzo）的教导。伴藏让他去厨房准备蔬菜。第一天，当柳十郎在厨房切萝卜时，伴藏突然出现，毫无预兆地用一把大木剑猛击他，没有任何解释。这种情况一连持续了好几个月，每次伴藏的出现都出人意料。三年后，柳十郎在厨房的时候永远保持警觉，双脚时刻警惕，随时准备躲避。直到那时，伴藏才宣布柳十郎可以开始训练了。当然，柳十郎后来成了日本最伟大的剑客。

我认识的一位记者讲述了一个类似的学习写作广播新闻稿的故事。他一开始是一个不知名的夜间新闻编辑室里最年轻、地位最低的文字撰稿人。头发花白、半醉半醒、脾气暴躁的老编辑会从电传打字机上撕下一份拷贝稿件（那是很久以前的事了），告诉这个新手把它改写为广播新闻稿。这位记者便立即激情昂扬地写了一份稿子，然后交给老编辑。五次里面有四次，老编辑会咕哝着说："这是垃圾。"然后把它扔进废纸篓。但偶尔，他会咕哝着，把它扔进收件箱。渐渐地，老编辑会接受他更多的稿件，拒绝的次数越来越少。最后，他超过一半的稿件进入了收件箱。就像那位剑客学徒一样，这位记者发现自己不知何故竟学会了如何写作广播新闻稿。

当然，这并不是我们理想中学校教育的发展方式，但这些故事都是关于学徒如何掌握技能的具有启发性的比喻。许多教学卓有成效的老师甚至在现代学校都会使用学徒训练的一些方式。然而，这些老师更有可能出现在副课的课堂上，而不是在必修课的课堂上。严厉但受人爱戴的棒球教练或苛刻但充满激情的音乐老师都会让孩子以这种方式学习。

居住在城市中心的贫穷孩子倾向于关注体育和音乐，尽管这些技能远不如数学或科学更能帮助他们谋生。也许这反映了不切实际的文化期待，但我认为这也反映了这样一个事实，即体育和音乐比数学、科学或文学更有可能通过学徒训练的方式来教授。

没有特别好的理由可以解释为什么芭蕾舞或篮球应该通过学徒训练的方式来教授，而科学和数学却不是。任何一位科学家都会告诉你，我们的职业就像钢琴或网球一样，都是来之不易的技能。在真正教授科学的研究生院里，我们使用的方法和厨师或裁缝师傅一样。我的学生们从写一篇论文中最简单的部分开始，或者从设计一项巨额资助研究项目的子研究实验开始，然后慢慢地自己完成一个完全原创的实验。尽管我并不是真的挥舞着木剑，也没有拿着废纸篓，但有人告诉我，我在学生论文初稿上的"修订评论"可是非常可怕的。

写作，我的另一项职业，也是同样的道理。你会通过写作来学习写作，一遍又一遍，尤其是和一个好编辑一起。美国经济学家约翰·加尔布雷思（John Galbraith）说，他最受好评的神来之笔，一般都出现在第九稿左右。

但是有多少学龄孩子能够真正地实践科学、数学甚至写作，或者观察科学家、数学家或作家的工作呢？又有多少公立学校的老师擅长科学、数学或写作，就像普通的教练擅长棒球一样？甚至当老师是专家的时候，又有多少孩子可以真正有机会观察一个老师是如何写论文、设计新的科学实验或解决一个不熟悉的数学问题的呢?

想象一下,如果我们以教授科学的方式教授棒球。直到12岁的时候,孩子才会阅读有关棒球技术和历史的书籍,偶尔还会听到伟大的棒球运动员的励志故事。他们也会参加关于棒球比赛规则的考试。在严格的监督下,大学生可以复制历史上著名的棒球比赛。但只有在研究生院的第二或第三年,他们才能真正进行棒球比赛。如果我们以这种方式教授棒球,也许只能期待孩子在少年棒球联盟世界大赛中取得像目前他们在科学学习中取得的成绩。

柳十郎和文案撰稿人不是为了通过剑术SAT或文案期末考试而学习的。他们学习的过程和结果是无法分开的。学习打棒球并不是在为让你成为一名棒球运动员做准备,而是使你成为一名真正的棒球运动员。

目标导向的学校教育是一种新发明

学校教育已经基本取代了学徒训练。公立教育和全民教育是近代与工业革命一起出现的。它旨在为人们提供一套新的技能,这些技能对于在工业世界取得成功至关重要。学校的发明是为了让孩子们掌握阅读、写作和算术计算的技术细节。而且并非偶然的是,当人类历史上第一次出现孩子的照顾者远离他们前去工作的时候,学校给孩子们提供了一个受保护的场所。

从长远来看,这些学术技能可能非常重要,但它们本身毫无意义。在学习字母和发音之间特殊的人工对应关系,或者学习一套乘法算法,像是九九乘法表时,并没有涉及本质的内在发现。在自然环境中,没有人会想到去寻找那种对应关系,或者从事那种步骤操作。

尽管如此，掌握这些技能或其他类似的技能，并使它们成为一种毫不费力又无比清晰的自动反应，无论在现在还是在未来，都是绝对必要的。尽管在计算机时代，算术计算的技能应该被编码和编程技能取代，就像键盘输入已经取代了手写一样。这些技能是必要的，因为它们允许我们在更广阔的世界中锻炼学习能力。阅读的能力可以让我们向所有曾经生活过的人类专家学习，而不仅仅是向住在附近的专家学习。掌握字母和发音的对应关系或记住乘法表这类毫无意义的技能，可以让你掌握像写论文、检验科学假设或分析统计模式等更具意义的技能。

问题是如何利用孩子的自然学习能力，让他们掌握这些并不自然的技能。这是一个重要而又困难的挑战，心理学家已经为此研究了几十年。[15] 例如，我们已经了解到阅读中的困难，如阅读障碍（dyslexia）[16]，通常与分析语言发音的困难有关。你不需要细微地分析声音，但是如果你想把声音映射到字母上，你就必须要这样做。同样，心理学家也开始发现，我们在很小的孩子身上看到的对数字的直觉理解与数学运算[17]的技巧之间存在连贯性。

对许多小学生来说，问题不在于他们不够聪明，而在于他们还不够"笨"。他们还没有掌握阅读、写作和算术等技能，没有精通到能够清晰而自动化地运用它们。这对那些天生没有机会练习阅读和写作的孩子来说可能尤其如此。在中产阶级家庭，阅读和写作可能就像在危地马拉的村庄里制作玉米饼一样随处可见。奥吉在两岁之前就会带一本书去厕所。但贫穷家庭的情况往往大不相同。

有很好的证据表明，在学校里的阅读课上表现如何，最好的预测因素是孩子在家里听到了多少语言，[18] 以及他们看过多少书。但是

掌握诸如阅读、写作和算术等学术技能本身并不是目的。它们只是发现新东西的一种手段。

当然，几乎从人们开始认真思考教育的时候起，他们就注意到，童年时期的特征，即自然发现和好奇心，与学校教育的学习方式之间并不匹配。这样的观察也就解释了许多基于"探究学习"的"逐步推进的"另类教育形式。很多学校老师从直觉上都很欣赏探索式学习，尽管我们只是刚刚开始科学地理解它，就像幼儿园老师一直以来都直觉地欣赏假装游戏一样。

但值得指出的是，在大多数学校里，除了运动场以外，孩子们不仅探索发现的机会有限，也没有机会真正地掌握技能。学校既不是鼓励探索的机构，也不是学徒训练的中心。

相反，学校最擅长的是教孩子如何上学。学龄期的孩子对成年人的技能很感兴趣，而且倾向于当学徒。对他们来说，模仿和练习那些对他们周围的成年人来说最重要的活动是很自然的。但在学校里，无论有意还是无意，都意味着要集中注意力，要参加考试，然后取得成绩。

在最坏的情况下，这些技能对许多孩子来说是陌生的，或者是不可能掌握的。但即使是在最好的情况下，即在那些成就较高的孩子中，我们也会怀疑，仅仅为了学习如何上学而送孩子上学真的是一个好主意吗？

当那些加州大学伯克利分校的本科生来到我们的课堂时，他们中的许多人都是绝对的考试冠军。难怪当我们要求他们成为真正的学徒科学家或学者时，会感到非常失望，他们也会愤愤不平且感到惊讶。当然，技能娴熟的成年人仍然面临着困难的挑战，但通过考试并非其中之一。成为世界上最好的应试者对于发现关于这个世界的新的真理或是挖掘在这个世界蓬勃发展的新方式都没有多大帮助。

从探索式学习到掌握式学习

关于学校教育和学习不能很好地结合在一起，还有另一个方面的原因。每个孩子都会尝试各种不同的新想法和新行为，但是他们之间也有很大的不同。从出生时起，孩子们就有各种各样的脾气秉性、兴趣爱好、长处和短处，即使成长在同一个家庭里也是如此。正如我们前面所看到的，从进化的角度来看，这种可变性为适应性和稳健性提供了途径，它能确保一个社区、村庄或一个国家应对不断变化的环境。这是文化进化的秘诀。

但目标导向的学校教育视角使这种可变性成为一种劣势。如果你认为学校是专为培养具有特定特征的孩子而设计的机构，那么可变性就是一个缺点，而不是优点。事实上，在最坏的情况下，可变性不仅仅是一个问题，更是一种疾病。不符合学校要求的孩子会被视为生病了、有缺陷或有残疾。这种"疾病"模式非常普遍，因为许多在学校被视为最重要的技能与大多数孩子天生的能力和倾向相去甚远。

特别是学校教育要求学生具有狭窄的集中注意力的能力。在教室里上课时，把注意力集中在老师说的话上，并且只关注老师说的话，是很重要的。我们是如此习惯于学究式的学习，以至于把这种专注式的学习当成任何一种学习的前提。

但在芭芭拉·罗戈夫研究的危地马拉村庄里，成年人实际上会鼓励孩子分散注意力。如果一个孩子只专注地玩一个玩具，他的妈妈就会把另一个玩具放在他的另一只手上。在这些文化中成长的孩子，即使没有人积极地教他们，也会变得善于学习。他们对周围任何可能具有教育意义或可能会提供信息的事物都保持着警觉。还记得那个折纸实验吗？原住民孩子仅仅通过观看老师向另一个孩子演示折纸技巧就能学会，而西方孩子只有在老师明确、具体地教他们的时候才能学会。

> 在从童年早期到中期的转变过程中，孩子自然而然地从一种更广泛的注意力转移到一种更集中的注意力上。将孩子从单纯的探索式学习转移到掌握式学习的大脑变化也同样改变了孩子关注事物的方式。[19]

当前额叶区域对大脑的其他部位施加越来越多的控制时，注意力甚至意识本身就会缩小。这时的注意力就像一盏明亮的聚光灯，照亮了世界上的一些地方，把邻近的部分留在了黑暗之中。

对于年幼的孩子来说，意识似乎更像一盏灯笼，立刻照亮一切。当我们说学龄前的孩子不善于集中注意力时，我们真正的意思是他们不会集中注意力，因为他们很难不被干扰所吸引。

事实上，最近的研究表明，**在生活环境中，婴幼儿的注意力总是被他们最有可能学到东西的事件吸引**。在这些研究中，研究人员给一岁的孩子展示了在背景中移动物体的视频。他们计算出每一个特定的视频场景中有多少新信息，然后记录下婴儿看每个视频的时间。一岁大的孩子最关注的是信息"甜蜜点"[20]内的场景，即那些复杂到足以学习，又不会令人眼花缭乱到难以理解的视频。事实上，婴儿的注意力和眼睛的运动很好地记录了视频场景中有多少信息。

但是这种注意力与我们在学校时的注意力是非常不同的，我们在学校里必须专心听课，不管其中到底有多少信息。

事实上，最近一组有趣的研究发现，服用迷幻药[21]如裸头草碱的人的大脑活动与婴幼儿的大脑活动有相似之处。与典型的成人大脑相比，服用这些药物的人的大脑就不那么协调了：不同的大脑区域更加独立，负责执行功能的额叶区域的控制力更弱。这就好像药物以某种方式引导你的大脑回归到一种类似学龄前孩子大脑的状态。

显然，这些药物并不能作为对需要有效、协调且目标导向的行动的处方。但是，当药物在安全、受保护的环境下被控制使用时，确实实现了一种灵活性、探索和学习，而这种灵活性、探索和学习可能在更清醒的情况下是无法获得的，而这正是婴幼儿的强项。

通过服用这些药物而产生的体验，包括广泛的注意力，让人极易联想到婴幼儿。成人的习惯让这世界上的大量东西被视而不见，而迷幻药和其他形式的"扩大意识"则让我们对世界上那些看不见的部分再次敏感起来。完全被树枝、蒲公英、人行道上的裂缝或一段音乐迷住的能力，是这类体验与众不同的特色。它可能也给我们留下了一个关于奥吉和乔治是如何感知世界的暗示。

这里有一个常见的权衡。学龄前孩子广泛的注意力伴随着广泛而灵活的学习方式，而学龄孩子更集中、更受控制的注意力则使他们可以迅速、熟练地执行行动。

学校就像专注力竞技场

学校教育要求你比普通的成人生活拥有更极端的专注形式。随着年龄的增长,很多孩子都能培养出这种注意力,但有更多的孩子在进入学龄期后仍然难以集中注意力。

特别要提出的是,学校的兴起和注意力缺陷障碍(ADD)的发展有着密切的联系。在过去的 20 多年里,美国被诊断患有注意力缺陷多动障碍(ADHD)的儿童数量几乎翻了一番。每 5 个美国男孩中就有一个在 17 岁之前被诊断为 ADHD,超过 70% 被确诊的孩子都接受过药物治疗,数以百万计。

很多人都怀疑 ADHD 的爆发和越来越重视在学校的表现之间存在着某种关系。在诊断率急剧上升的 20 多年中,美国有更多的州开始根据考试成绩来评估学校和教师。

但是你怎么能证明这种联系呢?ADHD 的诊断和高强度的学校测试都有如此显著的增长,这可能只是巧合。史蒂夫·欣肖(Steve Hinshaw)和理查德·舍夫勒(Richard Scheffler)[2] 用一种"自然实验"的方法验证了这一点。美国的不同地区在不同的时期推出了新的教育政策。研究人员研究了当一个州引入包括高强度的学校测试在内的新政策时,ADHD 诊断率是如何变化的。结果发现,政策出台后,诊断数量迅速增加。而且,对公立学校的贫困儿童的诊断尤其明显。

当学校在压力之下要让学生取得高分时,他们会有意无意地鼓励 ADHD 的诊断,可能是因为药物能帮助表现不佳的孩子取得更好的成绩,或者因为

ADHD 的诊断可以让一些孩子免除参加考试。值得注意的是，在法律明确禁止学校人员向家长推荐 ADHD 药物的地方，研究人员就没有看到类似的增长。

这些结果对我们如何看待 ADHD 有着广泛的影响。我们认为自己知道疾病和社会问题的区别。天花、肺炎和肾结石等疾病的发生是由于身体本身出现了问题，或者受到了病毒、细菌的侵袭。你只要给病人正确的治疗，他们就能被治愈。贫困、文盲和犯罪等社会问题则发生在制度出现问题的时候，当制度没有帮助人们获得繁荣时，就会使他们痛苦不堪。

关于 ADHD 的争论主要集中在它是一种生理疾病还是一个社会问题。但研究表明，这种分类方式本身就是被误导的。

我们不应该把 ADHD 看成一种像天花一样的疾病，而应该把它看成注意力形态连续体中的一个特殊阶段。有些孩子甚至可以达到"非自然"的高度集中注意力的程度，另一些孩子则几乎不可能集中注意力，而大多数孩子介于两者之间。

这种可变性对猎人、觅食者和农民来说并不重要，事实上，更广泛的注意力对猎人来说可能是一个优势。但是在我们的社会里，这是非常重要的。学校教育对成功来说越来越重要，而高度集中的注意力对学校教育来说越来越重要。兴奋剂药物不能像抗生素治疗肺炎那样"治愈"ADHD，相反，它只是将注意力沿着连续体进行了转移。它能使每个人都更好地集中注意力，尽管有时会造成严重的上瘾和副作用。

对于那些处于连续体远端的孩子来说，药物可能会决定他们的成败。有一些证据表明，这些药物确实能让孩子在上学时表现得更好，而在一个对学校教育的强调达到疯狂程度的世界里，这可能是非常重要的。尽管这些药物在短期内确实改变了一些孩子的行为，但对更多的孩子来说，这些药物并没有帮助，而且可能会造成伤害。有一些行为疗法同样有效，也远没有那么危险。而且，几乎没有证据表明这些药物从长期来看会产生正面的影响。[23]

> 包括学龄前孩子在内，越来越小的孩子被诊断患有ADHD，而且正在接受药物治疗，这一事实尤其令人不安。集中注意力可能是成长的一部分，但广泛的注意力是童年的一部分。这本不是我们需要解决的问题。

目标导向的教养观和教育观的另一个缺点是，它把童年本身仅仅视为通向成年的一站。让3岁的孩子接受药物治疗，从而让他们看起来更像一个异常专注的成年人，是这种观念的一个特别戏剧化的表现。

ADHD既是生理性的，也是社会性的，而改变社会制度可以帮助孩子茁壮成长。我们可以改变学校，以适应不同孩子的大脑发育状况，而不是给孩子的大脑用药，让他们去适应学校。

学校教育应该服务于不同类型的孩子

ADHD的问题只是学校教育普遍面临的挑战中最引人注目的一个例子。学校应该是孩子能够真正持续地发现和发挥能力的地方，应该是孩子能够掌握真实世界技能的地方，应该是孩子能够掌握诸如阅读、写作和算术等学术技能的地方。问题在于如何让孩子丰富多样的天生学习能力适应这些不同的学习目标。

学校本该尊重多样性，但事实恰好相反。我们来看一下标准化考试吧。责任评估和绩效考核这些极有价值的目标都需要标准化考试，这已经是众所周知的事情了。标准化考试的成绩就是目标导向、孩子塑造以及木匠型学校教育极致崇拜的对象，这样的想法就是在说，学校应该被设计成把所有孩子都塑造成具有特定特征的生物的地方。

我们确实认识到了多样性的存在，但那是通过医学模型做到的，就像ADHD一样。从医学的角度来看，有一部分孩子患有学习障碍、阅读障碍或ADHD，因此应该将他们与"正常的"孩子区别对待。对这些孩子的诊断变成一项家庭式工业。通过这些诊断，我们把多样性缩减到两组类型：一组正常的孩子和另一组残疾的或患病的孩子。事实上，能力是有范围和连续性的，如果设计一种能认可且能反映多样性的方法，那将有助于所有孩子，不管是否被诊断为ADHD。

奇怪的是，责任评估和绩效考核本质上与标准化考试成绩没什么关系。假设我们认为学校是为了让孩子茁壮成长而设计的环境，就像我们把对孩子的养育想成设计一个安全、稳定、结构化且丰富的环境的方式，在这个环境中，多样性、创造性和新奇的想法都能开花结果。这两种想法都没有放弃评判和责任。就像父母很重要一样，学校也很重要。正如我们可以评估照顾者是否尽责一样，我们也可以对学校进行同样的评估。

以这种方式评估学校和老师将完全不同于我们理解的典型评估。我们应该从整体上评判学校教育的好坏，而不是以每个孩子在考试中取得的成绩如何。我们可以参观教室，以此来评估那里的教学质量和学习质量，比如老师对不同类型的学生的反应是否不同，而不是依靠单一的考试分数。

重要的学习发生在教室之外

每年我都会拿以下三个问题问加州大学伯克利分校发展心理学课上的学生:"你知道印第安式烫伤(或印第安式擦伤、中式晒伤)是什么吗?""完成下列句子:约翰和玛丽坐在树上____。""你为什么要避免踩到地上的裂缝?"值得注意的是,年复一年,这些来自美国各地、分属不同种族和宗教的本科生们给出的答案竟多多少少都会有些相同:(1)印第安式烫伤指的是扭转一个人的手臂,直到它泛红。(2)约翰和玛丽坐在树上亲吻(K-I-S-S-I-N-G)。(3)你真的不想让你妈妈摔坏了背。①

童年中期一些最重要的学习根本不发生在教室里,它们发生在午餐时间、课间休息时间、走廊上和乘坐公交车的时候。

孩子在学龄期最伟大、最具挑战性的转变就是从以照顾者为中心的生活过渡到以同伴为中心的生活,这些同伴包括朋友和敌人、领导者和追随者,以及将会主宰我们成年生活的爱人和竞争对手。

但是,典型的学校教育大纲将这种课外学习视为干扰或者问题,尽管从发展主义的角度来看,这些比其他任何课程都更重要。我曾与一位老师交谈,她哀叹自己中学教室里的孩子们似乎不再有她们小时候学习的那种劲头和好奇心了。"那他们是否好奇,而且很想知道谁喜欢谁?"我问。"哦,当然了,"她说,"他们把所有的时间都花在谈论这件事上了,这是个大问题。"

对一个3岁的孩子来说,与父母的关系是他情感生活的中心。弗洛伊德

---

①这是英语里的一句俏皮话,原句为"Step on a crack, break your mother's back",意思是:踩到地上的裂缝,你妈妈就会摔坏背。——译者注

的理论在现代发展心理学中受到了彻底的质疑，但弗洛伊德关于"家庭浪漫"的基本观点却非常有力。孩子与母亲和父亲之间的强烈依恋，这些俄狄浦斯戏剧的来源，仍然是每个学龄前孩子生活中令人惊讶的一部分。从进化的角度来看，这当然是很有道理的。学龄前孩子的生活，一个显著特点就是其深刻的依赖性。对他们来说，与照顾者的关系实际上是生死攸关的问题。

然而不知何故，在短短几年内，人类的孩子就必须将强烈的家庭依恋转变成截然不同的、与同龄人之间的关系上。

人类独特的合作和协调能力是最重要的进化特征之一。管理范围广大的朋友和联盟网络、分工、谈判、妥协和利益是人类最重要的挑战之一。当学龄孩子与朋友们玩耍时，他们正在发展这些能力。

在假想同伴和无尽的假装游戏中，学龄前孩子通过玩耍来探究他人心智的可能性，学龄孩子关注的则是一个社会群体是如何组织的。孩子们从一个人的假装游戏转移到有规则地玩集体游戏。[24]

我们习惯了有组织的比赛，比如棒球或足球，这些比赛占据了孩子们的课余生活。但是孩子们自己组织的比赛，比如四角传球和壁球、跳房子和跳绳，则更有趣也更深刻。我们来看看这些游戏吧：建筑堡垒、建造树屋、成立俱乐部。这些游戏都触及了成人生活中不可或缺的协商和合作。制定壁球规则是立法的前奏，建造一座树屋就好似在建造一座微型城市。

孩子们的假装游戏也在发生变化。当年幼的孩子们用想象中的朋友来探索心智的可能性时，学龄孩子们则通过创造"异想世界"来探索文化和社会的可能性。

"异想世界"[25]是一个虚构的世界,其中充满了联盟和战斗、领导者和反叛者。即使是那些没有直接创造出自己世界的孩子们,也在热切地采用由他人创造的复杂另类社会,从 J.R.R. 托尔金的中土世界到 J. K. 罗琳的霍格沃茨魔法学校。

孩童时期的学问,包括印第安式烫伤、踩踏地面的裂缝以及约翰和玛丽,这些在建立同伴群体中也起着至关重要的作用。探查学龄孩子世界的最伟大的勘探者不是发展心理学家,而是民俗学家。彼得·奥佩(Peter Opie)和艾奥娜·奥佩(Iona Opie)[26]是 20 世纪早期伟大的民俗学传统中的成员,就像那些去巴尔干半岛录制本土民谣或是去密西西比河流域录制蓝调的学者一样。但是奥佩夫妇发现了一个离家更近且同样具有异国情调的未被探索过的地方,那就是学校的院子和操场。他们开始记录学生们的知识和语言。

奥佩夫妇的伟大发现是校园文化的存在。学龄期的孩子创造了他们自己的文化,他们用这种文化来探索现实世界,就像年幼的孩子探索心理世界一样。

奥佩夫妇记录的游戏、儿歌、惯例和神话都有着非常广泛的出处。17 世纪政治讽喻作品的片段被一代又一代地保存在像《小杰克·霍纳》(*Little Jack Horner*)这样的儿歌里。在我母亲成长的第二次世界大战时期,有着跳跃韵律的"纳粹潜艇"(nazi submarine)到了我成长的 20 世纪 60 年代,就变成了"大鼻子潜艇"(nosy submarine)。当我的孩子们长大时,他们听到的跳绳歌谣在伯克利局势较为紧张的时候竟然和 AK-47 步枪扯上了关系。

奥佩夫妇追踪了学龄孩子自己组织和传播这些知识的方式,这些知识通常就像亲吻歌谣(K-I-S-S-I-N-G)的韵律一样,是非常具有颠覆性的,并且无法与成年人分享。

这些课间休息期间的练习正在遭受越来越大的压力,但对于学龄孩子来说,这些活动可能比课堂活动或有组织的课外活动和体育活动更有意义,也更具挑战性。游戏、笑话和故事是每一代孩子创造属于自己独特文化的一种方式。在传统和创新上演的伟大舞蹈中,学习"踩到裂缝会招来厄运"的迷信说法和亲吻歌谣可能比 SAT 上的任何题目都重要得多。

但是,就像婴儿探索物理世界或者学龄前孩子探索心理世界一样,学龄期的孩子仍然被安全地保护着,不受自己的行为所产生的后果的影响。尽管他们已经可以开始真正地为家庭经济做出贡献了,但他们的消耗仍然大于他们的产出。然而,无论 8 岁的孩子多么严肃地进行雪球大战、建造树屋或创造神话故事,这些战争、项目或文化中都没有什么致命的东西。

至少对于中产阶级家庭的孩子来说,教养模式已经导致他们过上了被过度安排的生活,包括学校的正式课程、课外活动以及家庭作业,甚至连社交生活和探索也被严格地控制和安排着,所有这些都是为了塑造他们。孩子继续把他们的自主探索塞进忙碌的生活中,但是没有得到父母的帮助。对于那些不是中产阶级家庭的孩子来说,公共空间的消失更具破坏性。他们没有获得一个安全、稳定的环境用于探索,以及和同龄伙伴们一起做实验。富裕家庭的孩子生活在学校的教育和被控制的世界里,而贫穷家庭的孩子则生活在一个混乱而被忽视的世界里。

青春期:游走在冲动与控制之间

学龄期的孩子可谓严肃和清醒的典范,但当他们进入青春期时,[27] 无论是智力上还是情感上,他们的可塑性、多样性和混乱程度都有了惊人的恢复。的确,一些神经科学家认为,青春期孩子的大脑会重新呈现出一种学龄前孩子才具备的神经灵活性和可塑性。

青春期就像童年早期一样,注定会是一个创新和变革的时期。不同的是,青春期的孩子将要体验的不再是置身于童年保护期的安全环境中探索世界。相反,青少年要做的是离开受保护的环境,真正靠自己去采取行动。

作为青少年的父母,这时的工作看似极其矛盾,你要允许甚至鼓励这种转变的发生。身为父母,你花费数年时间竭力地保护你的孩子远离危险,但当他们变成青少年时,你却必须弄清楚如何将他们转变成能够独立承担风险的人。

就像童年早期时一样,青春期使得父母和孩子之间与生俱来的紧张关系变得更加显著。换句话说,十几岁的孩子会把你逼疯,就像他们两岁的时候一样。关于青少年是如何思考和行动的,以及我们应该如何应对,科学能告诉我们什么呢?

"他到底在想些什么啊?"这是困惑的父母在试图理解他们的孩子为什么会用那样的方式行事时,常常出现的一句呐喊。那个能够很理性地解释喝酒以后不能开车的男孩,怎么就会酒驾撞车呢?那个知道所有避孕方式的女孩为什么还是怀孕了呢,甚至是跟一个她并不喜欢的男孩子?那个聪明又富有想象力、在高中时表现出色的孩子是经历了什么事情,才导致他从大学退学,频繁更换工作,至今仍住在父母的地下室里?

神经科学家对青春期提出的主流理论,有时也被称作双系统理论[28]。其中最核心的观点是有两种不同的神经和心理系统相互作用，最终把孩子转变成成年人。**第一套系统与情绪和动机有关。**它与青春期时生物和化学上的变化密切相关，并且涉及大脑中对奖励作出反应的区域。这是一种通常能让原本平静的10岁孩子变得焦躁不安、精力旺盛、情感强烈的系统，这个系统可以让青少年渴望达成每一个目标、实现每一个愿望、体验每一种感觉。

青春期过去以后，这个动机十足的系统就趋向平静了，躁动不安的青少年变成了相对平静的成年人。这个系统有个显著的陡峭曲线，即随着孩子进入青春期，意外、犯罪、自杀和吸毒的人数都急剧上升，直到青春期结束后才回落到童年时期的水平。

神经科学家 B. J. 凯西（B. J. Casey）的研究表明，青少年的鲁莽不是因为他们低估了风险，而是因为他们高估了奖励，[29] 或者更确切地说，相比成年人来说，青少年认为所获得的那些奖励比成年人认为的更值得。青少年大脑中的奖赏中枢比小孩子和成年人的都要活跃得多。想想初恋时那无可比拟的强烈感觉，以及获得高中篮球比赛冠军时那种无法再次复制的荣誉感吧。

青少年最需要的是社会性奖励，尤其是同龄人的尊敬。在一项研究中，青少年们躺在功能性磁共振成像的设备中，进行了一个模拟的高风险驾驶任务。当他们认为有另一个十几岁的孩子在看他们所做的事情时，他们大脑中的奖赏中枢便会更加活跃，也会因此冒更多的风险。[30]

从进化的角度来看，这一切都是完全合理的。正如我们所看到的，人类最独特的进化特征之一是我们异常漫长并受到保护的童年。但最终，我们必须离开家庭生活的安全"泡沫"，把孩提时学到的东西应用到真正的成人世界中。

成为一个成年人意味着离开你父母的世界，走向你将与你的同龄人共同分享的未来。青春期不仅会让你的动机和情绪系统产生新的力量，还会让你远离家庭，走向同龄人的世界。

双系统模型中的第一套系统涉及动机，但第二套系统却涉及控制，它会引导和控制那些让人沸腾的能量。 特别是前额叶皮层会试图引导大脑的其他部分，包括掌管动机和情绪的部分。这是一种抑制冲动和指导决策的系统，它鼓励长期规划和延迟满足。这就是我们所看到的系统，它使掌控成为可能。

这套控制系统更仰赖于学习。它在童年中期变得越来越有效，并随着你经验的增长，在青春期和成年期继续发展。通过做出一些不好的决定并加以修正，从而让你做出更好的决定；通过制订计划、实施计划并查看结果，你会成长为一名出色的规划者。专业源于经验。

在遥远的，甚至不算很远的过去，动机系统和控制系统在很大程度上都是同步的。在觅食社会和农业社会里，孩子有很多机会练习成年人达成目标时所需要的技能，从而成为专业的规划者和模仿者。

在过去，要想成为一个好的采集者、猎人、厨师或照顾者，你需要练习采集、狩猎、烹饪和照顾孩子，从童年中期到青春期早期，前额叶会按照转变为成年人的需要来发展布线。但在成人专家的监督下做这些事情，可以减少那些不可避免的失败所带来的影响。当青春期的激励因素到来时，你已经准备好以新的能量密度和活力去追求真正的回报了，但同时你也拥有了可以安全、有效做事的技能和控制力。

动机系统和控制系统之间的关系已经发生了巨大的变化。如今，青春期提前到来，奖赏中枢也在更早的时候开始发挥作用。如果你把青少年的大脑想象成一辆汽车，那么今天的青少年早在学会驾驶和刹车之前就拥有了加速器。

青春期的到来越来越提前的确切原因还不清楚，一个前瞻性的理论认为是由于能量平衡的改变。孩子们吃得多、运动得少，这一导致肥胖症流行的原因也可能影响着青春期的开始。其他可能的原因包括人工光源，尤其是在夜间普遍开启的屏幕，让情况变得更糟，甚至是环境中类似激素的物质，特别是塑料容器一类的东西。

但另一方面，社会的变化也影响着青少年。首先是工业革命，然后是更引人注目的信息革命，孩子越来越晚地开始扮演成年人的角色。500年前莎士比亚就已经知道，青少年在两性问题上强烈的情感，如果与同龄人间诱导的风险结合起来，可能会产生悲剧性的后果，《罗密欧与朱丽叶》就是见证。但如果不是命运的安排，13岁的朱丽叶或许会在一两年之内成为妻子和母亲。

渴望抱孙子的父母们可能会叹口气并承认这一点，我们的"朱丽叶们"可能会经历20年的情感骚动，直到她们安定下来，成为母亲。我们的"罗密欧们"可能会在"麦布女王"[①]的影响下成为诗意的疯子，直到他们进入研究生院。

如今的孩子对于他们长大后要完成的任务几乎没有什么机会去体验。他

[①]《麦布女王》(*Queen Mab*) 是英国著名浪漫主义诗人雪莱的第一部抒情长诗。——编者注

们练习基本技能的机会越来越少,比如做饭和照顾孩子。当代青少年通常除了上学之外什么都不做,甚至连送报纸和保姆的工作也基本消失了。但控制系统的发展恰恰取决于这些经验。

不过,这并不意味着青少年比过去更加愚蠢,在很多方面,他们都更聪明了。一个越来越长的不成熟期和依赖期,一段一直持续到大学时光的童年期,意味着年轻人可以学到比以往任何时候都要多的东西。

例如有力的证据表明,随着越来越多的孩子在学校待的时间越来越长,他们的智商也大幅提高了。智商测试是"基准化的",即你的分数反映了你和其他人相比之下的表现,而测试设计者必须通过增加问题的难度来使测试分数"重新回到基准",这是因为在过去的几百年里,人们在智商测试中的绝对表现,即人们答对问题的实际数量有了显著的提高。这一现象被称为"费林效应"(Flynn Effect)[31],以新西兰奥塔哥大学的社会科学家詹姆斯·费林(James Flynn)的名字命名。

事实上,最近的一项研究[32]考察了自 20 世纪初开始到现在的智商测试分数,结果发现,人们每 10 年就多得 3 分,所以平均分数比 100 年前高了 30 分。

分数上升的速度也以一种有趣的方式变化着。这一速度在 20 世纪 20 年代时大幅上升,在第二次世界大战期间有所放缓。随后在战后的繁荣中再次上升,然后在 20 世纪 70 年代再次下降。分数仍然在上升,但是上升的速度更慢了。成人的分数上升得比孩子要高,这表明这种影响不仅仅是营养和健康方面的提升所致。

智商分数的提高取决于多种因素的综合作用，但很显然，教养模式和学校教育的发展起到了特别重要的作用。费林博士以社会乘数理论作为说明，一个最初的小改变可以引发一个反馈循环，从而导致大的影响。稍微好一点的教育水平、健康状况、收入水平或营养状况可能会让孩子在学校表现得更好，也更喜欢学习。而对学习更多的兴趣会激励他读更多的书，努力考上更好的大学，这又将使他更聪明，更渴望得到教育，以此类推。

甚至有神经科学的证据表明，智商越高，额叶的成熟周期就越长。[33] 在关于孩子的大脑随时间变化的研究中发现，额叶发育成熟较晚的孩子智商可能较高。因此，高水平的控制和广泛的学习之间的关系可能是相反的。

当然，聪明也有不同的方式。智商评估的只是非常普遍的能力，尤其是那些能让你在学校教育中表现出色的能力。但是拥有高智商或特定种类的知识，比如物理和化学的知识，在制作蛋奶酥的时候帮不上任何忙。我们在高中和大学里鼓励的广泛、灵活和全面的学习可能与培养一门特殊技巧的能力之间存在紧张关系，而这种学习也曾经例行出现在人类社会中。在人类的大部分历史中，孩子是从 7 岁就开始实习的，而不是 27 岁。

当然了，老年人总是抱怨年轻人。但是这种对发育时间变化及其后果的新解释，也优雅地阐释了青少年这一特定群体所面临的矛盾。确实有很多年轻的成人，他们非常聪明，而且知识渊博，但是没有方向；他们充满热情和活力，但在二三十岁之前不能长期专注于一项特定的工作或一份特殊的爱情。

关于青少年的新研究也阐明了关于心智和大脑的两个非常重要且往往被忽视的事实。**第一，经验会塑造大脑。**人们常常认为，如果某些能力位于大脑的某些特定部位，那么它一定是"固定不变的"。但事实上，大脑之所以如此强大，正是因为它对经验如此敏感。我们控制冲动的经验会使前额叶皮层发育，就像前额叶皮层的发育能使我们更好地控制冲动一样。我们的社会和文化生活塑造了我们的生理，反之亦然。

第二，发展对解释人性起着至关重要的作用。 古老的"进化心理学"理论认为，基因直接导致了某些特定的成人行为模式，即"模块"。然而，越来越多的证据表明，基因只是复杂发育程序中的第一步，是生物体与环境之间相互作用的串联，反过来又会塑造成人的大脑。即使是发育时间上的微小变化，也会在导致我们成为什么样的人方面带来很大的变化。

幸运的是，大脑的这些特征意味着处理现代青春期问题并不像听起来那么无望。尽管我们不太可能重返农业时期的生活，也不可能停止送孩子上学，但大脑发育的灵活性却为我们提供了解决方案。

大脑研究的成果经常被这样理解：青少年其实只是有缺陷的成年人，或是缺少了一些东西的成年人。关于青少年的公共政策的辩论往往围绕着"大脑的某些特定区域究竟何时发育"这一问题展开，以便借此评判孩子在什么年龄应该被允许开车、结婚或选举投票，或者应该对犯罪行为负有完全责任。但是青少年大脑研究的新观点认为，并不是他们的前额叶尚未长成，而是因为他们的大脑没有得到适当的指导，并通过一段时间的掌握式学习和学徒训练进行锻炼。

例如，仅仅将驾驶年龄提高一到两岁对交通事故发生率没有多大的影响。真正有意义的应该是设立一项毕业制度，在这项制度下，青少年能慢慢获得更多的技能和更多的自由，也可称为驾驶学徒制[34]。

我们可以尝试给青少年安排更多的学徒训练机会，而不是给他们提供越来越多的学校经验，比如那些额外的课后课程和家庭作业。美国服务队（AmeriCorps）就是一个很好的例子，因为它既为青少年提供了挑战现实生活的经验，又提供了一定程度的保护和监督。

"带着你的孩子去工作"可能会成为一种惯例，而不是仅有一天的年度活动，大学生可以花更多的时间观察和帮助正在工作的科学家和学者，而不仅仅是听他们的讲座。像夏令营和旅行这样的暑期活动，对于父母有经济能力的孩子来说是很常见的，这些也许可以和暑期工作交替进行。

当代青少年所感受到的那些矛盾状态可能是无法避免的。以赛亚·伯林[35]谈道，有些价值冲突是无法解决的。想要延长青春期，以便拥有一段较长时间的不成熟期，既能满足广泛的学习，同时也能满足对于特定技能的熟练掌握，这是不现实的。我们可能还是得常常像照顾者那样，解决一些常见的混乱问题，并不断降低标准做出妥协。

但是，对于我们能够或应该完成的事情有一个更好的总体设想，可能会有所帮助。就像我们可以为学龄前的孩子提供一个安全、稳定的环境一样，我们也可以为青少年提供一个更抽象、更社会化的环境。我们不能也不应该阻止青少年参与到成人生活紧张和忙碌的"实验"中去。但是，就像我们可以为3岁的孩子遮盖好电源插头并给楼梯间装上防护门一样，我们也可以采取一些措施，比如使安全套更加容易获取，使枪支更难以获取，这样至少可以减少青少年在"实验"中的危险。

THE GARDENER AND THE CARPENTER

08
科技与孩子的未来

To be a parent, is to be a bridge between the past and the future.

为人父母是成为一座桥梁,
沟通起过去和未来。

两岁时，有个女孩接触到一个特别的"装置"。这个"装置"有复杂的图形界面，能让信号沿着视觉神经迅速地传递，在她的大脑中开启另一个引人入胜的世界。7岁时，女孩开始把它带进学校，上课时不听老师讲课，而是在桌子底下偷偷地把玩。优雅迈步踏入舞厅的女士、战场上奄奄一息的男人……15岁时，"装置"中各式各样的场景都要比她的青春期生活来得真实。女孩能够专注地盯着它一动不动地坐上好几个小时，对周围的一切完全没有反应。她对"装置"爱不释手，甚至上瘾到抓着它熬夜。

长大后，这个"装置"统治了女孩的家，占据了家中所有的房间，就连吃饭和去洗手间，她也要带上它。当她的孩子因脑震荡不得不去医院时，她的第一反应是把"装置"带上。最可悲的是，只要她的孩子长到足够大,她就用尽全力让孩子们也迷上这个"装置"。心理学家认为她已经无法离开这个"装置"生活了。只要"装置"能接触到她的视觉神经,她就会不由自主地被掌控。神经科学家也已验证,她大脑中曾致力于了解现实世界的很大一部分,但现在已经完全被"装置"占领了。

这是个描写反乌托邦技术的科幻故事吗?不,这仅仅是我的自传而已。当然,这里所说的"装置"指的是书本,而我一生都在遭受着它的"毒害"。

这个"装置"的比喻触及了当今家长最关心的问题:苹果手机、谷歌眼镜以及微信等各种网络社交平台,各种最新的前沿科技产品会对我们的孩子产生怎样的影响?作为家长又应该做些什么?

少数人声称能够回答这个问题,形形色色的答案可以从世界末日论细数到乌托邦论。不可避免,世界末日论的版本更具有说服优势,因为坏消息总是最令人着迷的。而更简单也更真实的科学答案是:我们真的不知道。在下一代长大成人之前,我们无法回答这个问题。

但在这背后,还有个更深层的问题:孩子和科技的关系究竟是什么?这个问题指的不仅是我们的孩子与现在的高科技之间的关系,还包括每个历史时期的孩子与当时的科技之间的关系究竟是怎样的。

追溯到很久以前的浪漫时期,那时人们认为孩子是一种天真无知的生物。他们看似和长大成人后追求各种繁复人工匠造的状态毫不相似,但进化学的观点表明并非如此。关于人类认知的进化,有两种最常见的解释:人们变得更加擅长使用工具,以及更加擅长利用他人。这两种能力本质上都是掌握某种技术,即自然规律或社交技巧。人类发达的大脑、漫长的童年和出众的学习能力都是为这两种技术的掌握和创新而服务的。

人类不仅能进行技术创新，还能把新技术一代代传承下去。其他任何动物都无法与其比拟的是，人类在不停地改造着物质环境，而从中获得的各种经验也不断地重塑着人类的大脑。

> 特别是在早期幼儿阶段，每个孩子都在父母营造的新环境下成长。每一代人的大脑都因有着不同的早期经验而有着独特的运作方式，然后再对环境进行特有的改造。在数代时间内，人类的大脑就能发生巨大的变化。

于是就有了心理学家所说的"文化棘轮效应"[1]。人类两大杰出的互补能力都体现在童年时期。孩子可以向上一代学习，从观察、模仿和见证中迅速地模仿和继承父辈的技术。

模仿比创新更容易。但倘若人类只是模仿上一代，那就得不到发展，所以每一代人都会创新。棘轮或者说单向轮的比喻，指的就是人类可以将祖辈的新兴发明当作常识，并在此基础上追求创新。

棘轮的比喻同时也反映了孩子和成年人不同的学习方式。对于成年人来说，学习一项新技能是痛苦又缓慢的，需要很强的专注力，而孩子却可以毫不费力地掌握新知识。因此，每一代人都能在潜意识里迅速继承上一代人的积累和创新。"装置"的描述对我这一代人来说是十分吃惊的，因为我们那时还生活在纸质印刷品的年代。而下一代人，则会对这些"装置"进行有意识的改造和创新。他们不知不觉就拥有了整个过去，并带着这些知识走向未来。

这些代际差异是文化创新的动力,对技术革新尤为重要。而且这些差异不仅局限在技术领域,还包含了社会生活等各方面随心所欲的变化,就好比我们从伊丽莎白时代的语言、舞蹈、服饰等逐渐演变成现代的各种文化。即使在新石器时代,陶器装饰的风格也在几代人间逐渐地发生改变。代际变化会以不同的速度、在不同的时间和地点进行。这些变化不仅在现代十分迅猛,更是人类发展过程中的普遍现象,并且渗透到了人类生活的方方面面。

孩子能够迅速有效地继承各种文化信息,也是让代际创新能被传承下去的原因。证据表明,孩子,特别是青少年,正处在技术和文化变革的前沿。

系统的研究和观察表明,孩子正推动着语言的变革。移民儿童可以毫不费力地学会他们上一代可能永远都无法掌握的异国语言。[2]事实上,移民儿童担任着他们父母的语言文化翻译官。当来自许多不同语言背景的人会聚在一起时,他们可能会发明一种非常简化的混合语言。而他们的下一代会把这些简单的沟通系统发展成完全融合各个语言体系的克里奥耳语[3]。他们会经常使用新的单词、语法规则甚至新的发音。[4]一个例子就是,在陈述句和疑问句的末尾使用"上升语调"[5],曾经是美国加利福尼亚州一个名为"山谷女孩"的青少年小群体的特征。30多年前,美国流行乐创作歌手弗兰克·扎帕(Frank Zappa)和自己14岁的女儿录制了《山谷女孩》这首流行歌曲,让这种上升语调传遍美国,至今仍在美国30岁以下的年轻人中流行。

我们上了年纪的人听到这种上扬的语调可能会皱眉,认为它缺乏安全感和确定性。但事实上,语调上扬已经成为这一代人地位和力量的标志。[6]学术导师和老板们也会经常对自己的下属使用这种语调。

年轻人，尤其是青少年，经常处在流行文化变革的前沿。19 世纪初，青少年沉迷于一种性感而有侵略性的舞蹈——华尔兹，也同样痴迷于一种充满性爱描写而丑陋的新娱乐形式——小说。到了 20 世纪，摇滚乐、朋克、嘻哈、迷你裙、文身和套装运动服变成了主流。很不公平的是，我们婴儿潮这一代有着最不叛逆的文化革新——长发和吉他，而我们的孩子却要面对文身和穿孔这些令人不太舒服的潮流。

和人类比起来，文化传播和创新在其他动物中就相对少见了。但也有证据表明，动物们也有创新，主要负责革新的也是年轻一代。最著名的动物文化案例之一是日本猕猴，它们学会了用海水蘸甜土豆，这在洗去沙粒之余还会给甜土豆带来咸味。那里的科学家记录了整个文化变革的过程。第一个发明这种吃法的是一只处于青春期前期的母猴。[7] 而后，这种吃法便在其他幼猴中传播开来，然后再是其他母猴。然而有权势的老猴子却始终没有学会这样吃。

当然，许多技术和文化创新都由成年人主导，因为他们有着高水平的技能。但即使在这种情况下，孩子所拥有的新奇倾向也可能会改变这些创新技术的使用方式。文化传播里的一个悖论是，成年人是天生的顺从者，他们倾向于采用其他大多数成年人都会采用的行为；而创新指的却是那些少数人刚开始做的事。年轻人，特别是青少年，更有可能采取各式各样不寻常的行为，这确保了各种古怪的发明得到保存和传承。

因此，童年并不是一个天真无知的年代，孩子也不会免于技术创新和文化变革的影响。恰恰相反，童年，特别是青春期，正是使这些变革被吸收、发展并闪耀光芒的时期。

"阅读"是门新技术

我们倾向于把自己这一代的创新视为"技术",而过去几代人的创新在我们眼中却只是理所当然的东西。和现在的电脑、智能手机一样,纸质印刷的书本和木桌都是技术的产物,只是年代有些久了,仅此而已。

为了预测新技术对未来的影响,我们可以回顾现在已变得十分普遍的"过去的技术"。此时此刻,你的眼睛只是不断追踪着白纸上的黑色字符,而你却感觉自己全然沉浸在了这本书的世界里。把文字这种看似随意的符号变成让人身临其境的体验正是人类大脑最神奇的地方之一。神奇之处在于,大脑的阅读能力是人类最近才有的创新。我们的大脑起初并不会阅读。[8]

每当你完成一个网站的文字识别安全测试时,你正无意识地向人类精密的大脑阅读能力致敬。就连最先进的垃圾邮件筛选程序都不能和我们人类相比。程序很难做到正确识别每一个重要的单词,更不用说理解由不计其数的单词组成的一本书的含义了。

认知科学已经证明,就像看、说、记这些最简单的行为背后,都经过了超级复杂的脑内计算。把众多书面符号转化为思想同样需要一个聪明的大脑。虽然人类耗费了数十万年才进化到拥有看、说、记等简单的行为能力,但发展复杂的阅读能力却只耗费了几千年的时间。是的,只用了几千年。

这怎么可能?为了能够阅读,我们重新利用了最初为其他目的而准备的大脑区域。同时我们也重塑和创建了新的大脑区域,专为阅读服务。我们用来书写的文字形状和灵长类动物用来识别物体的形状相似。毕竟,文字的形状可以是任意的,我可以使用任意的波浪形来代替表示树的单词"Tree"的开头字母"T"。乍看之下，中国的文字与英文字母没什么共同之处，但实际上，许多语言在书面符号的形状上都惊人地相似：我们都使用了水平线和垂直线的组合，偶尔添加点或圆或半圆。

事实证明，"T"这个字母的形状对灵长类动物来说也很重要。对猴子来说，这个形状很可能表示着物体的边缘，它意味着可以抓，甚至还可以吃。猴脑里有一个特殊的区域专门用来关注重要的纵横交错的组合，甚至还有专门用来识别一条线是否水平或垂直的神经元。人类也用相同的大脑视觉区域来处理字符。人脑有天生的本能，可以利用交错的线和边界来区分事物。我们也利用这一点设计了英文字母表。

另一方面，灵长类动物的大脑在进化中已经变得能够处理对称的形状了，例如，字母"p"和"q"或"b"和"d"。猴脑虽然能区分垂直线、对角线和水平线，但对向左和向右的线条总是有着相同的反应。毕竟，在现实世界中，我们总是四处移动的，杯子左边的手柄从另一个方向看过来，就变得朝右了。

这就解释了为什么患有阅读障碍的孩子和成人在区分这些对称的字母时会很困难，也解释了我们神奇却令人费解的"镜像阅读"和"镜像写字"的能力。许多孩子甚至能够自发地逆转单个字母甚至整段文字。

倘若先天的大脑结构真的能限制我们的阅读，作家们就绝不会使用像"b"和"d"这样的字母了。事实上，人类的大脑已经能够区分这些对称形，甚至精细到了神经元的程度。发育中的大脑通过接触不同意义的对称字符，在神经网络中改变并加强了新的连接，从而克服了其原先无法分辨对称形的障碍。

这种对大脑神经连接的不断重塑，让我们掌握了阅读。通过阅读数以千万计的单词，这些大脑神经连接又不断地加强，让阅读过程变得毫不费力。如果孩子从小就开始学习读书，那他们就会在不知不觉中掌握阅读能力。

最好的一个例子就是心理学家常说的斯特鲁普效应（Stroop Effect）。假设我给你看了用红色墨水印刷的"蓝色"这个词，并问你这个词是什么颜色的。比起问你用蓝色墨水印刷的"蓝色"，你需要花费更长的时间才能回答，而且你很有可能会回答"蓝色"，而不是正确的"红色"。因为阅读是完全自动的过程，想要只注意它的颜色而忽略它的含义，是很难做到的。

如果大脑阅读区域已经连接的部分受到损害，就会导致特殊的阅读问题出现。经历过中风或者大脑某些部位遭受过意外损伤的患者会失去读写能力。即使他们仍能正常地交谈和看东西，也无法弄清书面文字的含义。这也表明我们的大脑已经发展出了针对阅读的特定区域。

阅读已经深深地融入了我们的大脑和生活。如果不了解这段历史，我们可能会轻易地认为阅读能力是耗费数十万年才进化出来的，而不是短短的几千年。如果把阅读看作一项新的技术，你可能会对它给人带来的影响充满了担忧，认为曾经专门负责视觉和语言能力的大脑皮层被印刷品入侵了。学习不再通过学徒训练和实际操作的方式，而依赖于讲座和教科书。阅读障碍、注意力缺失障碍和其他学习障碍，这些迹象都表明我们的大脑不是为这种非常不自然的技术而设计的。

想象一下，如果我 40 岁才学会阅读，而不是 4 岁，那么对我而言，走在繁忙的街道上，路边的各种信息会不断地干扰着我。我会不得不停下来，看看标志上那些奇怪的字符，尽力地破解它们、回想它们的含义，然后再迫使自己把注意力转回街道上。如果开车行驶在布满广告牌的高速公路上，那危险性就更别提了。

那些生活在过去时代的聪明人，他们对阅读这项新技术的反应就是如此。苏格拉底[10]认为，用笔记录文字是一个糟糕的主意。在柏拉图的《斐德罗篇》中，有几句话就像《泰晤士报》专栏里那些反科技作家写的那样，苏格拉底说：

> 如果人类学会了这项技能，就会在灵魂深处植入健忘的种子。他们会依赖写下的东西而停止使用记忆。他们不会再从内部本身，而是从外部获取记忆。它记录的也不是记忆本身，而只是提醒而已。用它来教导你的学徒绝对是不明智的。因为，你告诉他们许多事，却没有真正教会他们。他们看似掌握了很多，但实质上却一无所知。于是，人类失去了智慧，充满了不切实际的幻想，变成社会的负担。

苏格拉底担心阅读和书写会损害人与人之间带有互动性、批判性的对话，而这对反思极为重要。你无法和字符对话或者问它们问题。你很可能会认为一个观点是正确的，只是因为它被写了下来。

苏格拉底还认为，书写会降低人的记忆能力。在古代世界，诗人有着能记忆成千上万节经文的惊人能力。荷马的史诗仅通过记忆在吟游诗人之间口耳相传，但倘若有了《伊利亚特》的书面副本，人们为什么还要费力去记忆它呢？这些来之不易的记忆技巧会随着纸上文字的到来而消失。

当然，苏格拉底是正确的，读书与谈话截然不同。我们现在的确更倾向于接受被书写下来的事情，也没人能把《伊利亚特》背得烂熟于心了。阅读确实从各方面重塑了我们的文化和思想。伴随着读写的兴起，[11] 也出现了个人主义和隐私的现代概念。但大多数读者都会同意，阅读带来的好处超过了弊端。

对我们这些老读者而言，读写还有鼓舞人心的另一面。许多古老的演说、歌曲和戏剧被读写彻底改变了形式，但它们并没有被取代。我们可能不会背荷马的诗了，但我们会继续阅读他的诗。很难想象一种人类文化媒介会彻底消失。至少还有一些人会唱歌和跳舞，并在诗歌朗诵会上大声地背诵诗句，不论是厨师还是木匠，也都和过去一样技术高超且热情洋溢。小说并不会取代戏剧，而电影这一当初令人畏惧的新文化，现在也已成为撼动我们的伟大艺术形式，然而也即将被不那么伟大的艺术形式所取代。

步入电子屏幕的世界

我们正处于另一场戏剧性的技术变革之中。此刻你可能正在盯着屏幕移动眼球，而不是看着书本。你可能会同时点开 YouTube 上的链接、给朋友发送消息、用 Skype 与你的爱人视频聊天，并查看 Twitter 和 Facebook 上的新消息，或者把玩任何能取代这本纸质书的新技术。

我们正在见证数码世界对下一代新生儿大脑的重塑。像我丈夫那样的嬉皮士，作为皮克斯公司的创始人之一，经常一边听着平克·弗洛伊德（Pink Floyd）的摇滚乐，一边在电脑交互图像的设计之中纠结。戴着耳钉、唱着饶舌乐长大的下一代则把这些图像视作平常。正如流行语和印刷品一样，这个数码世界同样是他们青少年时期的一部分。奥吉和他的同龄人能在很小的时候接受这些高科技。奥吉能在智能手机的搜索引擎上查找"托马斯小火车",却不知道"托马斯"和"小火车"这些印刷字的含义。

我们完全有理由相信这些年轻的大脑会变得和我们的不同,就像能够阅读的大脑与无法阅读的大脑具有显著的差异一样。但这些差异到底是什么?又会有怎样的影响?这些影响是好还是坏?这又是另一个问题了。

"装置"的故事告诉了我们,为什么很难弄清这些新技术对后代的影响。一些新技术真正重塑了我们的生活、思想和整个社会。几乎在每一种新技术普及之前,人们都会报以过分夸张的焦虑或期待。但当它真正普及之后,人们又几乎注意不到它,并理所当然地默认它的存在。

书籍确实改变了一切,而几乎被我们遗忘的电报也是如此。[12] 在电报发明之前,信息一直在以快马加鞭的速度传递,而眨眼间它升级成了电子信号,从每小时10千米的速度跃升到每小时数百万千米。当时的人们同样对电报持有类似的畏惧。1858年,《纽约时报》声称电报是"草率、仓促、不安全的,它让真相来得过快。我们毫不怀疑它会造成巨大的危害"。火车则是一个更激进的游戏规则改变者。直到19世纪,地球上还没有人能每小时移动30千米这么快。火车和电报确实改变了人类的生活方式,甚至没有同时代的技术可以与之匹敌。然而,现在的我们却完全忽略了它们也曾是高科技的产物。

技术变革会导致重要的文化变革。同样,这种变革也是不可预测的。在20世纪即将来临时,对于接下来会流行哪一种独特的文化形式,美国曾有过激烈的讨论。人们猜测着各种美国小说和美国交响曲,但没有人猜对这场变革会是电影。犹太移民商人和歌舞杂耍艺人把这种当时只发展了几年的新技术在加利福尼亚州南部的荒野中发扬光大。

科技之于孩子，就像阅读之于我们

我们成年人容易错误地估计技术变革的影响，原因之一是它对成人和孩子有着非常不同的影响。像许多其他人一样，我觉得互联网把我的经验和生活变得支离破碎。但这并不只是互联网本身造成的，而是因为我作为一个成人进入了数码世界。

我们这一代人在童年运用开放和灵活的大脑掌握了阅读技能，而现在出生的这一代将会沉浸在数码世界里，不知不觉地适应它。这一代人才是数码原生代，而我们只能算是数码时代的移民，还带着磕磕绊绊的口音。

我需要花很大的努力去适应让我无所适从的互联网。这是因为对成年人来说，学习一项新技术需要认真、细心、有意识的学习过程。而这种专注是成年人非常珍贵的资源。

甚至在神经元的层面上也是如此。[13] 当我们集中注意力的时候，大脑中负责设定目标计划的前额叶皮层会释放胆碱类的神经递质。但这些能促使我们学习的化学物质只能传递到大脑的某些特定部位。前额叶皮层也会释放抑制性的化学物质，从而阻止大脑其他部位发生改变。因此成年人在学习一项新技术的时候，大脑只能进行一点点细微的改变。

孩子大脑[14]的注意力和学习能力的运作方式则完全不同于成人。年轻的动物和人类有着分布更广的胆碱类神经递质，这让他们不需要专注和计划就能学习了。一切新鲜的事物，无论是多么令人惊讶的，还是看似无用的或杂乱无章的，年轻的大脑都能让孩子轻松地掌握这些庞杂的信息。

于是，在数码时代长大的孩子将会像我们掌握阅读能力一样，自然地掌握这个时代特有的技术。但这并不意味着这些孩子的经验和大脑不会被互联网影响和改造，这对生活在20世纪、泡在印刷世界里的我，和生活在19世纪、目不识丁的农民来说，都是一样。

时代的棘轮正在徐徐向前。而这一转型时代最艰难的就是，我们难以看到长远的历史变迁。在未来，我们一定会发现，我们出生前的世界还像刚刚创世纪的伊甸园，而我们的孩子却生活在像电影《疯狂的麦克斯》(Mad Max)所描绘的那个光怪陆离的末日科幻世界里。

让时代的棘轮徐徐向前

在现代科技带来的各种影响中，哪些是对于现在的人们，尤其是悲观者来说，特别巨大的变化，又有哪些较小的技术革新被棘轮效应放大了呢？

数码时代的悲观主义者有时会把有关人性的微小变化当成世界末日般的心理变革。虽然数码技术对两三岁孩子的长远影响尚无定论，但我们能确定智能手机和社交媒体对青少年的直接影响。现在那些放学回家后就给朋友发信息、更新Instagram页面的青少年们，真的比从前一回家就看肥皂剧重播的上一代更糟糕吗？

媒体学者达娜·博伊德(Danah Boyd)[15]花了数千小时研究了许多来自

不同背景的青少年，系统地观察他们如何使用技术，并询问他们对这些新技术的看法。她得出了结论。

> 这一代年轻人借助社交媒体做着年轻人们一直以来都在做的事：建立自己与朋友和同龄人的联系，疏远他们的父母，搞暧昧、聊八卦，还有霸凌、反叛和尝试各种新事物。

事实上，社交媒体正是当代青少年们用来逃离家庭压力的主要途径，因为仅仅是从打开的窗户爬出去，沿着管子滑下来然后离开房子，或者仅仅是走出大门离开家，都已经不现实了。越来越分散的社区让没有什么交通工具的青少年们完全无法逃离自己的家。没有车，你在洛杉矶寸步难行。上一代人用来逃家的各种乡间小路和荒野营地已经被互联网的虚拟世界取代了。

同时，博伊德认为互联网技术确实像书、印刷品和电报一样，对年轻人有着巨大的影响。以前那些恶意的嘲讽终会消散在充满异味的更衣室里，但现在却可以一瞬间传遍世界，然后永远留在服务器上。青少年必须学会面对这些新技术不善的一面。

学者马德琳·乔治（Madeleine George）和坎达丝·奥杰斯（Candace Odgers）[16]最近的科学研究也得出了类似的结果。他们发现，美国青少年普遍被动地沉浸在数码世界中。他们平均每天发送60条信息，78%的孩子拥有能上网的手机。但他们在网络世界中的遭遇与现实世界中非常相似。在学校里受欢迎的孩子在网络上依然很受欢迎，欺负与被欺负的关系在网络和现实中都是一样的。而比起互联网上的陌生人，亲密的家庭成员更有可能对青少年带来创伤和威胁。

乔治和奥杰斯同时也将父母们对互联网最普遍的担忧和焦虑进行了分类，并发现没有证据能支持他们的这些观点。真正的问题却是大多数父母都没有想到的，那就是LED屏幕会损害睡眠，无论成人还是孩子，都会受到它的影响。

虽然我们并不确定，但上述三位学者所描述的局面比起改变，有更多的持续性影响，这很可能也适用于人们对高科技的其他担忧。一些悲观者担忧人们会迷失在与机器人这类非人类模拟器的交流中，把机器人看作同样的人类。但孩子早已和许多虚构的故事人物、动漫形象打交道了，而这些完全虚构的人物角色比机器人还要生动得多。正常的孩子都会被这些吸引，他们的祖祖辈辈也是如此。现在这些对着机器娃娃哭闹的孩子真的与狄更斯时代哭着要洋娃娃的孩子不同吗？孤单的寡妇与聊天机器人对话又和过去看着照片和死去的丈夫说话有什么区别呢？虚拟世界中的浪漫又和加拿大的禾林出版社①出版的书中的浪漫有何不同呢？

我们也越来越依赖高度抽象的符号，以此替代面对面的交流，这又有什么不同呢？以发信息为例，许多青少年一天要发几百条信息，这绝对是最让我们感到困惑的科技成就之一。我们已经能够用手指和电子的力量来替代电报了。我们也可以拿短信和固定电话来做比较，属于昨日伊甸园的固定电话在当时也是令人震惊的。

至少从学会写字甚至从发明语言开始，人类就在使用抽象符号交流了。英国著名的哲学家伯兰特·罗素和他的缪斯女神奥托琳·莫雷尔夫人（Lady Ottoline Morrell）利用伦敦的邮政系统交流，一天写好几封信；法国作家马

---

①这家出版社以出版女性浪漫小说著称。——译者注

塞尔·普鲁斯特同样会使用巴黎的气送式电报卡（petits bleus）。伦敦邮政系统一天发送 12 次，而巴黎的电报卡可以在发信后两小时送达。作家亨利·詹姆斯的短篇小说《大好去处》（*The Great Good Place*）在故事中描写的是与现实生活脱离的乌托邦幻想，其中讽刺了每天扑面而来的电报与随之而来的各种来不及处理的职责。相信今天电子邮箱里塞满了邮件的人一定不会对此感到陌生。

互联网会让人丧失专注力，这是对互联网的另一个担忧。对成年人来说的确如此，因为已成年的我们专注力有限，保持专注的模式也很难改变。所以对很多从小把专注力放在阅读上的人来说，用看书的方式来浏览网页会非常不适应，因为你很难忽视网页上所有令人分心的事物。但正如我们所见，如今课堂上要求的高度集中的注意力，也是近代文化的产物，优点与缺点并存。

我们在上课和阅读时能够自然而然地集中注意力，是因为我们从儿童时期就习惯于采用这种专注方式。每个时期和不同的环境下都会有不同的专注方式，它们都是自然而有价值的。虽然我没有体验过觅食者或猎人眼观四路、耳听八方的专注方式，但幸运的是，童年时期满满的照顾经验让我得以掌握相同的古老技艺，可以在工作的同时分心照看自己刚出生的孩子。

正如我们怀念从前的猎人和能同时照顾五六个孩子的母亲那样，也许我们数码时代的子孙也会缅怀我们这一代的阅读技巧。20 世纪的超级阅读能力也许会渐渐消失，或者变得只存在于那些极度狂热的爱好者之中，就像今天的人们对打猎、诗歌和跳舞的热爱一样。但即使人类历史发展到旧技术被取代的时候，原有的技术也不会完全消失。

网络世界的希望与迷失

然而,数码时代的悲观主义者可能担忧对了一件事。博伊德对青少年的研究表明,的确会有一些重大的变化发生。虽然很难确定那究竟是什么,但互联网似乎与电报式的革新有相似之处。这与沟通的速度或性质的改变无关。短信和电子邮件并不比电话和电报的传输速度更快,内容也没有更多或更少。

但在我们能与之交流的人数上,确实存在革命性的差异。研究表明,大多数人的大脑只能记住与100人左右的交流状态,这大约是一个村庄的人数。[17] 城市的崛起让我们把对村庄的定义从地理上转变为社交上。大城市的居民学会了对路上的行人视而不见,这一点是让小村庄的人非常反感的都市文化。邮局和快递只能把城市里的一小圈人联系起来。

互联网则让这个小交际圈无限地扩大。当我们用搜索引擎进行搜索时,与我们交流的并不是一台超级电脑,而是几百万人信息的汇总。Facebook最开始只是一种数字化的网络社交方式,但它迅速发展壮大,超出了创造者的预期。虽然我们的大脑只能记住一个村庄的人,但我们可以利用互联网与整个地球的人类交流沟通。

城市里的孩子已经学会了城市中的社交技能,但我们尚未开发出类似的网络浏览技巧,想要弄清我们应该与谁交流似乎要困难得多。我们可以自动忽略街上令人讨厌的陌生人,但很难过滤掉网上令人烦躁的匿名评论。在网络世界里,我们就像大城市里的游客一样,迷失其中。

尽管如此,大城市的居民也从未成功地把曼哈顿变成皮奥里亚,因为这并不是他们真正想要的。悲观主义者描述的这种矛盾情绪也代表了人们对城市的复杂情感特征：游走在好奇与兴奋的希望，以及孤独与异化的迷失之间。

甚至早在印刷书出现之前，罗马诗人贺拉斯和日本女性文学家紫式部就用文字写下了他们对城市生活的期望：简单、正念、富有意义。或许我们需要一些古希腊修士或佛教静修者在数码世界里的版本。我的一位朋友对此非常向往，每周都会把所有电子屏幕关闭一整天，作为"无数码日"。但如果我们无法再回到大城市的话，修士的生活也就不那么吸引人了。

给孩子一个世界，让他们重建

关于技术的这些问题暴露出了传承与创新、依赖与独立的悖论关系，这些也是为人父母的主要矛盾。我们要给孩子提供一个全面、稳定、安全的数码环境，但又无法控制或保证他们未来的发展方向。

乍听起来，我好像只是建议家长们顺其自然，承认技术和文化变革的必然性，把孩子的发展放手交给智能手机。但请记住，文化与技术棘轮的前行同时取决于两代人。没有传统，就没有创新。虽然父母们不应指望孩子简单地复制上一代的传统，但如果父母们没有把自己的传统、技能、价值观和新发现传承给孩子，那下一代的创新也就不可能实现。

我们需要为孩子提供一个结构严谨的稳定环境，这正是保证他们自由无序、随心所欲地尝试和发展的前提。给他们一个世界，让他们重建。这正是我们努力向孩子灌输各种传统技术、文化制度和价值观的原因。让孩子学会这些，并将它们进化到自己的时代。

我的孩子因为知道书对我的价值有多大，才体会到了电子屏幕的价值。我还希望书籍也能继续成为他们生活的一部分。即使奥吉和他的同龄人的文化建立在《飞机总动员2》(*Planes 2*)等数码创新之上，他也知道《野兽家园》(*Where the Wild Thing Are*)、《绿野仙踪》(*The Wizard of Oz*)是他祖母文化基石的一部分。我祖父的古老犹太传统也以同样的方式存在于我和兄弟姐妹的脑海中，即使大部分只是不怎么好笑的笑话、奶油芝士和烟熏大马哈鱼。

> 父母，特别是祖父母，他们的重要任务之一是给下一代提供文化历史感和延续性。如果失去了和历史的联系，那我们的下一代就会失去很多东西。为人父母，不是教养子女，而是成为一座桥梁，沟通起过去和未来。

但我不能也不应该期待子孙们将有和我一模一样的传统文化和价值观。无论好坏，他们将创造属于自己的数字时代、属于自己的世界。找出如何在数字时代中生活是他们的责任，而不是我们的。

当然，在经历了幼年的亲密关系后，我们会感伤于孩子在渐渐向新人类转变，还有那些难以理解的成长趋势。虽然对父母来说算是悲剧，但至少有一个充满希望的想法是，科学研究已经表明，我的孙子、孙女不会像我那样，对互联网感到那么分离和疏远。对他们来说，互联网是时代的基石和根本，就像被我翻烂的平装印刷书一样，代表了这个时代文明的顶端。

尾声

养育孩子的意义

我已经详细描绘了亲子关系与教养模式之间的不同。养育孩子是人类工程中最根本、最深刻、最宝贵的一部分。它不是做木匠活，誓要将孩子按照明确的模样去雕琢。相反，为人父母就像在园子里种花，旨在提供一个营养丰富、安全稳定的环境，让各式各样的鲜花茁壮成长；旨在为孩子提供一个健康、强大、多样的生态系统，让他们自己创造具有无限可能的未来。每一对父母和子女之间都会形成非常特别的爱，这是一种长期、奉献的爱，没有任何附加条件。

在教养模式下，照顾孩子成长的价值是能够量化的，衡量的依据是孩子成年后作为成人的价值。在我们急着比较照顾孩子和其他活动的价值之前，让我们先停下来，欣赏、赞叹一下父母和子女间那独一无二的美好关系。正如哲学家所说，这种关系的本质就非常有价值，而不是因为它是能让我们获益的工具。照顾孩子这件事本身就是有意义的，而不只是因为我们未来可能会获得孩子的回报。

如若仔细思考照顾孩子的价值和蕴含其中的道德，我们就会对价值观和道德观本身有新的认识。哲学经典中的道德观对亲子关系不太适用，约翰·穆勒（John Mill）的功利主义[1]就是其中之一。功利主义认为人们应该选择那些能带给他们最大效益的行为。另一种哲学观点，康德的道义论[2]则认为，所有人的行为都要遵循某种绝对统一的道德秩序。

但这些观点都没有涉及养育孩子的实质。当代功利主义代表人彼得·辛格（Peter Singer）[3]认为，从逻辑上讲，尽管存在争议，但一个彻头彻尾的功利主义者会推断认为，人们不应该去照看那些有严重残疾的孩子，甚至不应该让他们活下来。因为这些孩子能够体验到的幸福无法抵消他们给照顾者带来的痛苦。但这种逻辑对我们来说实在是太疯狂了。

我们甚至不用想得那么极端，就能够发现功利主义并不适用于照顾孩子这件事。想想很多家长都在选择公立学校还是私立学校上犹豫过。读公立学校也许对家里每个人都好，而上私立学校也许只对孩子一个人有好处。那么，按照功利主义里"最大效益"的逻辑，我们应该选择公立学校。但家长自发的道德感会想为孩子提供最好的一切，这最终也许会促使他们选择私立学校。

同样，康德的道义论也并不适用。照顾孩子是大善的行为，但它不是、也不应该是普世的命令。许多人可能深深关爱着他们自己的孩子，但对社会上的儿童问题却漠不关心。当然，还有很多人因为各种原因连自己的孩子都无法照料。

这些思考都涉及了养育孩子的核心悖论：普遍性与特殊性、依赖与独立。我们对下一代那独一无二的爱让我们很难找到一个类似功利主义或道义论的普适准则。哲学经典认为人的道德观是独立自主的决定机制，能帮助我们处理人与人之间的关系。但为人父母的道德观却涉及把一个不能自己做决定的孩子变成能够自治的成人。

另一种关于道德的哲学解释可能更适用。20世纪的哲学家以赛亚·伯林[4]站到了穆勒和康德的对立面，主张"价值多元论"。我们有多种不同的价值观，而且它们之间并不相容。没有办法权衡彼此，也没有任何一种价值观能胜过其他。我们不能用单一的维度去衡量这些价值观，无论是正义或怜悯、利他或自主，还是爱尔兰诗人叶芝所说的"生活或工作的完美"。没有任何一种是最好的，并且在现实生活中，我们时常需要在它们之间做出选择。

伯林认为这使得人类的生活不可避免地变得悲惨起来，他的确是对的。但这也正是人类生活如此丰富而深刻的原因。在照顾孩子这方面，伯林的理论比穆勒或康德的更适合。

就连最初生孩子的决定，也不是通过理智地评估孩子和生活中其他的价值来达成的。哲学教授 L. A. 保罗（L. A. Paul）[5]认为，没有任何理性的方法可以让你评估到底是要孩子，还是不要孩子。

我们如何能做出理性的决定呢？经济学家的回答是：思考你各种不同选择后可能出现的结果，再通过权衡每种结果的价值多少和可能性大小，算出预期效用，最后选择效用最高的那种就行了。想想宝宝灿烂的笑容是否能照亮你所有的不眠之夜？在现代社会，我们觉得自己可以想象生孩子后的生活,并以此做出决定。

但保罗认为这样就会有一个问题,因为只有在生了孩子之后,人们才会真正知道有孩子的生活是什么样的。也许看看别人的孩子会给你一点提示,但这种对一个生命铺天盖地的爱并不是你能事先理解的。也许你甚至对别人的孩子一点都不喜欢,却对自己的孩子爱得要命。当然,你也无法事先了解有孩子以后的繁重责任。这些都导致你不能理性地做出决定。

我认为问题更加严重。理性决策的假设是在做决定前后,人是不变的,具有相同的价值观。如果我想决定是否买桃子或者梨,我可以放心地假设,如果我现在更喜欢桃子,我在买了桃子之后也仍会喜欢桃子。但倘若这个决定会把我变成一个具有不同价值观的人呢?

有了孩子以后,我的价值观也会渐渐改变,原因是下一代的美好生活真的会比我自己的幸福更加重要。"我会为自己的孩子奉献生命。"这听起来有些戏剧性,但这正是每个家长一直都在做的,无论何时,也无论事情大小。

一旦我做出了要为孩子付出的承诺,我与之前的那个我就不再是同一个人了。我的自我里又多了另一个人,即使他还只是个无助的婴儿,无法给我带来任何好处,即使他的欲望和目标也和我的完全不同。这就是依赖与独立悖论的核心。

有孩子之前的我需要为有孩子之后的另一个我做决定。如果我有了孩子,未来的我对孩子的关心会胜过对我自己和其他所有的一切,而且那时的我也无法想象没有孩子的生活。相反,如果我没有孩子,那未来的我也会是一个完全不同的人，有着不同的兴趣和价值观。是否要孩子的决定不仅决定你究竟想要什么，更决定你将会成为什么样的人。

伯林提出的不可互比的多元价值论，为我们思考是否要孩子提供了指导。在任何功利主义或道义论的观点下，如果人们选择不要孩子，那就是因为他们觉得照顾孩子不是那么有价值。如果照顾孩子真的能让所有人的处境都变好，那么不要孩子的决定就会是自私的或错误的。事实上，那些不要孩子的人有时对照顾孩子这件事的确抱有怀疑或者敌意的态度。选择"无子生活"就暗示着孩子是对自己的局限或压迫。

伯林认为这导致了人生悲剧的观点其实也是一种安慰。人生的价值是多方面的，没有人能够面面俱到，在每个方面都做到完美。决定不要孩子的人也能够在不贬低养育孩子价值的前提下，探索人生其他方面的价值。决定不要孩子的英国作家、20 世纪女性运动的先锋弗吉尼亚·伍尔夫（Virginia Woolf）有如下智语："永远不要假装那些你没拥有的是不值得的。"

当然，这也适用于那些决定要孩子的人。要孩子的决定会与生活中的其他价值相冲突，例如全心全意地投入工作、做在孤独中沉思的隐士或者仅仅只是用尽全力享受生活中美好的一切。同样，如果你选择这些生活方式，也意味着你会放弃养育孩子的宝贵生活。

正如保罗指出的那样，没有任何完全理性的方法能帮你决定要追寻哪些价值。她认为如果你的价值越多元，那生活的总价值就越高。养育孩子的好处之一就是你能见证他们的成长。对孩子的重点关注只需占用生活中的少数几年，在要孩子之前和之后的阶段，你都能和生活中的其他价值兼容。你可以将生活分成不同的时期，每个时期都有不同的价值。

即使这样，也没有完全理性的方式来决定，只专注于一种价值的生活是否比价值多元的生活更好，每个阶段都着重于一种价值的生活是否比各种价值都交织在一起的生活更好。

我们能够确定的是，这些选择都是关于你将成为什么样的人的决定，涉及个人自主的核心，所以每个人应该尽可能自由地去选择，特别是在是否要孩子这样的复杂问题上。

伯林的多元价值论是他为多元、自由、民主辩护的基础。工作自由、婚姻自由、信仰自由……这些价值都是民主的核心，因为它们定义了我们本身。即使大多数人都推崇某种工作、婚姻或信仰方式，认为它们能抵达人生的最大价值，按照多元、自由、民主的理念，我们也不能把这些价值观强加给他人。

养育孩子的价值也是如此。正是因为这个决定会产生深远的道德影响，改变人们的生命轨迹，我们才更应该尊重每个人的选择。读到现在你会很明显地发现，我个人把养育孩子的价值放在很高的位置上。许多有着宗教信仰的人也一样，并且经常把养育孩子的价值作为反对避孕或堕胎的理由。但我认为，正因为养育孩子的价值如此珍贵，会发生如此多的变化，在道德伦理上又如此重要，避孕和堕胎才必须尽可能向大众开放，让人自行决定。我40岁时意外怀孕了，并决定堕胎。这是一个艰难的决定，但谢天谢地，这是属于我自己的决定。

一旦你有了孩子，在孩子、工作、他人和自己之间平衡职责的各种决定也会给你的生活带来一系列深切的难题。当你深深地关注孩子时，你就不再只有一套价值观和兴趣了，也不再只是把那些不同的价值观和兴趣相互权衡或是协调一下。为人父母后,你的自我会被扩大,里面包含了另一个人,也就是孩子的价值观和兴趣,即便他的价值观和兴趣与你自己的完全不同。但是当他的价值观和兴趣既是你的、又不是你的时,你要如何权衡或是协调呢?

答案就是,永远别想有简单的答案。伯林指出,当价值相互冲突时,我们只能在现有条件下尽全力做到最好。没有绝对意义上"最好"的决定。我们需要面对并接受内疚和后悔,以及随之而来的安慰。

个人选择与公共政策

我们与孩子的道德关系之下潜藏的悖论也可以帮助解释政策制定中的一些拉扯状态。如果照顾孩子只是一份工作,那我们可能会觉得任何训练有素的人都可以胜任,甚至孩子更应该由育儿专家来照顾。但对于年幼的孩子,特别是已经长大一点的孩子来说,我们并没有这样的想法。父母对孩子的特权和责任正是亲子关系为何如此吸引我们的原因。

一般在政治上,我们有两种观点,一种更强调个人利益,另一种更强调群体利益,比如社群或国家,但是孩子这个群体似乎处于两者之间。假设孩子是父母利益的一部分,我们会感到不太对劲儿,但假设他们不是,也一样不对劲儿。

这给许多真实而复杂的政治问题造成了很大的影响。例如,教育是否应该基于个人的选择,让父母有权利自由地抚养孩子,不管他们是把孩子养成虔诚的基本教义派还是嬉皮士?是否应该让家长参与到公立学校的内部决策中,因为公立学校用的是纳税人的钱?是否应该把打骂孩子的决定权留给父母？还有要不要让父母决定孩子是否接种疫苗？甚至让父母决定要不要带孩子去医院接受治疗？或者相反，我们应该坚持让整个社会来参与决定孩子应该学什么，以及应如何对待他们？

至少在某种程度上，我们愿意赋予人们对自己生活的责任和权威，只有这样，才能保护人们免受自己最糟糕的那些冲动的影响。但如果这些糟糕的冲动会影响他们的孩子呢？目前我们对此的解决方案是让弱势的孩子不断地在亲生父母与补贴不高的养父母或孤儿院之间来来回回。但有什么更好的办法吗？伯林的原则再次指出，这没有统一、简单的答案。

资源从哪里来

是否要孩子是每个人自己的决定。虽然很难界定父母和社区对孩子的事有多少话语权，但我们都赞同养育孩子这件事本身及其后果都十分重要。我们都知道这需要耗费很多的时间、精力还有金钱。根据最新的统计，在美国养育一个孩子平均需要花费 24.5 万美元，[7] 这还没有算上读大学的钱。

我们怎样才能保证孩子获得成长所需的资源呢？这个目前最紧迫的问题我是可以回答的。实际上，美国有许多孩子无法获得这些资源，这也是正在缓慢演化的丑陋灾难之一。年复一年，严峻的统计数据已让我们烂熟于心，被视作理所当然。在这个地球上最富有的国家，有超过 1/5 的孩子生活在贫困之中。与其他年龄段的贫困人口相比，贫困儿童的比例是最高的。照顾孩子的人，特别是照顾年幼孩子的人，他们的收入要比任何其他群体都少得多。而且，这场灾难正在不断恶化：过去几十年中，美国的贫困儿童占总人口的百分比实际上是不断上升的。比贫困的处境[8] 更糟糕的是，有越来越多的孩子在孤立和混乱中成长。

在小规模的狩猎采集社会中，资源默认会流向孩子及其照顾者。正如前文所述，人类那与众不同的显著特征，例如配偶关系、祖父母隔代养育和异亲抚养，都旨在确保资源流向孩子，就是因为孩子不能自己生产这些资源。这些进化的冲动至今还在。给饥饿的孩子提供食物的内在冲动甚至比我们能够经历的任何情感都要强烈。

但这种小规模的个人冲动很难转化为前工业和后工业时期的社会政策。在工业时代，资源是对完成目标任务的奖励，当然也可能是纯粹的运气。如何获得这些资源是每个工人自己的事，他们照顾自己孩子的花费也只是变成了消费者支出中的一项统计数字。我们在政策上没有一种明确的方式来体现养育孩子的特殊价值。

于是，如何照顾孩子就陷入了困境。特别是在美国，父母和孩子会因此受到双重的束缚。父母要么放弃工作，即放弃筹集资源的手段来照顾孩子，要么想办法获得足够的钱，作为请他人照顾子女的报酬。无论哪种方式，都不可避免地意味着照顾孩子的人在美国是收入最低的。

当然，有时解决问题的办法就是把孩子所需的资源与婚姻联系起来，这就是经典的"核心家庭"（nuclear family）模式。父亲在外工作，与不工作的全职妈妈共同分享自己的收入。对有些人来说，这种养育孩子的方式是一种在所难免的自然趋势。但实际上，这种独特的做法是在 19 世纪和 20 世纪的工业化进程中才慢慢兴起的。

研究得知，女性是从 20 世纪 70 年代开始离家上班的，但我们似乎忘了，男人离家上班也是从近代才开始的。[9] 直到 19 世纪甚至 20 世纪，美国大多数人还都在农场上生活和工作，或者在当地的小作坊或小企业中工作。1830 年，70% 的美国孩子的父母都在农场工作，只有 15% 的孩子生活在有全职妈妈的"核心家庭"中；1930 年，只有 30% 的孩子的父母双方都是农民，而"核心家庭"的比例上升到了 55%；到了 20 世纪 70 年代，趋势再次改变，到 1989 年，"核心家庭"只剩下不到 1/3 的比例，大多数孩子，他们的父母都会离家工作，或者成长在单亲家庭中。之后，单亲家庭的比例继续上升。截至 2014 年，超过 30% 的孩子是在单亲家庭[10]中长大的。

在农场，父母双方或者整个家庭都会在工作的同时照顾孩子。随着工作地点和家庭分开，照顾孩子也和日常工作分开了。现在看来，全职妈妈的缺点非常明显，这导致女性不能体验到事业带来的满足感，也使得妇女和孩子完全依赖于男人，让她们变得十分脆弱。同时，这也将男人与孩子以及对孩子的照顾隔离开了。当其他原因导致的离婚变得愈加普遍时，这个缺陷就尤为明显。如果获取孩子成长所需资源的唯一办法就是凭借法律来强迫不满的前夫，那就会使得单亲家庭的孩子备受伤害。

至少从 20 世纪 70 年代起，全职妈妈的模式就渐渐瓦解了。这也是妇女运动的结果，目的是让女性有权获得更多的自主。女性经济实力的上升也是影响因素之一。家庭平均收入一直都是由职场女性来维持的。但全职妈妈的模式消亡后，却没有其他养育体系适时地出现。

这个变化对孩子来说是灾难性的，特别是对低收入家庭的孩子来说。在狩猎采集或农业社会中，整个群体的人都在照顾孩子。在传统"核心家庭"里，至少有一对夫妻为孩子提供着关怀和资源。但在现在的美国，孩子的抚养通常只取决于一个单亲妈妈,她要在全职工作之余来照顾孩子。于是就有了恶性循环,贫困的孩子长大成人后,他们的下一代也很有可能得不到基本资源的保障,不断造成社会的不平等和分化。

对此,大多数文明国家已经采用了一套大家都很熟悉且直接的解决方案,他们都认识到,为孩子提供成长资源不仅是亲生父母的责任,更是整个社会的责任。这些政策就是诸如产前护理的普及、护士的家访、男女带薪育儿假、普遍和免费的学前教育、直接对父母进行补贴等,它们在道德上和实际效果上的好处也不必多说。

这些政策的确改善了孩子的成长环境,也是所有社会科学研究领域[11]最明显的结果之一。多项研究表明,这些幼儿时期的干预措施对孩子成年后有着很大的影响。护士的家访为孩子提供了额外的照顾,并给父母提供了育儿建议,还有高质量的学前教育、父母的带薪产假或者仅仅是金钱上的补贴,有了这些干预的孩子在成年之后有着更高的收入,违法犯罪的可能性也会大大降低。

这些证据也支持了雕琢孩子的教养模式吗?并非如此。这些只是证明了育儿干预对整个群体的可能性,但用它们来预测某一个孩子将来的成败是很困难的。至少,这些干预措施并没有对孩子的考试成绩有着立竿见影的影响。也许你会有这样的期望,在儿童阶段的某项干预会让孩子长大后成为某种特定类型的成人。但事实上,经常会有许多"潜在效应"[12],只有在多年之后才能被观察到。儿童时代的干预措施的确会影响孩子成年后的健康和幸福,但那是因为这些早期的资源给孩子提供了能够塑造自己未来的发展平台。

有一种为孩子提供资源的有效方法是面向所有人免费开设高质量的托儿

所和幼儿园，这是当前美国儿童政策的焦点议题之一，也是罕见得到了民主党和共和党双方支持的政策。但即使在今天，木匠式的教养模式和园丁式的"为人父母"这两者之间依然充满了矛盾。

幼儿园的老师和工作者往往有着类似"园丁"的特质。"幼儿园"这个词本身就和"学校"不同，描绘的是一座让幼儿成长的花园。

但幼儿园正经受着两组具有木匠式思维的人员的双重夹击。一边是父母，他们想把自己3岁的孩子塑造成考进哈佛大学或耶鲁大学的名校生；另一边是官员，他们希望用考试中的高分来衡量教育的成果。这两队人马都想用木匠式思维来改造幼儿园。一位纽约的母亲起诉了[13]她孩子上的幼儿园，因为她希望孩子能在幼儿园尽情地玩耍，而不是在准备考试。我们甚至可以从"幼儿园"这个词渐渐被"学前班"取代的过程中看到这一点，人们变得越来越倾向于认为，让孩子上学比只是照顾他们更有价值。

学前教育被当成让孩子考试得高分的工具，这种观点是错误的，甚至错得让教育的意图都倒退了。应该把幼儿园或学前班视为在流动性大的工业社会里，为分散、无助的孩子提供照料的一种形式。现代社会的快节奏让我们很难用以前的方式养育孩子，我们已经不能依靠大家生活在一起的狩猎采集社会或农业社会的模式，也不能采用工业社会早期的全职妈妈模式。幼儿园正是另一种选择。

幼儿园应该是给孩子提供养料的花园，让他们不论贫富都可以在其中茁壮成长。与许多中产阶级父母脑海中所想的相反，幼儿园并不是雕琢孩子成功的第一步，也不应被当成孩子上学所做的准备，因为养育孩子并不仅仅是为了要让他们在各种奇怪的考试中获得高分。

老人与孩子

养育孩子长大的过程是非常特别的,没什么能和它相比。不过,比起运用其他机构比如公司和学校所提供的资源,作为父母,我们应该在照顾孩子方面成为所有其他机构的榜样。很明显,当我们意识到孩子同样会现身于其他私人经验以及公共政策的领域时,爱和学习的悖论显得尤为突出。

工业社会的工作结构意味着,一些其他类型的照顾和对孩子的照顾一样,都遭受了困境。我们对他人的爱和付出与其他普世原则之间存在矛盾,在尊重我们所爱之人的独立性与承认他们有时必须依赖我们之间,也存在着同样的矛盾关系。即便与他人的关系处于道德、情感和生物学基础的核心,我们也没有发展出确实的政策来对此表示支持。因为这些关系并不像工作,能在经济和政治上表现出来。这在我们与孩子的关系中体现得尤为明显,因为这种关系是不对等的,我们需要付出很多的关心,这比我们预期的回报要少很多。

在我们对待老龄化问题的方式中,也能清楚地看到这一点。在我的丈夫埃尔维(Alvy)自己成为祖父时,他90岁高龄的父母开始需要别人照顾,特别是他那因关节炎和阿尔茨海默病而瘫痪的母亲。我们熬过了许多深夜急电、艰难的讨论和痛苦的决定。幸运的是,埃尔维的姐姐很富有,并且已经退休了,还和父母生活在同一个城镇,于是她肩负起了每天照顾父母的责任。最终,他们的父母搬到了有辅助设施的机构生活,那里也是他们去世的地方。这整个过程都让我们有种很糟糕的感觉,但我们也不知道如何去改进它。

我们对待老人的方式就像我们照顾孩子一样,是一场缓慢演化的无形灾难。无论你曾是个多么好的孩子，去任何一家"辅助设施机构"或"养老院"拜访你的父母都会让你感到十分心痛。我们无法为自己所爱的人提供一个有尊严的归宿，同时担心这是否也会是我们未来的命运。

就像我们对孩子有一种特殊的爱和奉献感一样，我们对父母也有相同的感受。这两种关系的价值都是内在的，而非工具化的。当人逐渐衰老时，任何努力都是徒劳的。我们没有塑造父母未来的可能，也没有办法避免自己以及所有人都会走向衰老和死亡终点的事实。

我们现在关心老人的方式与养育孩子非常相似。即使对像我这样的中年人来说，照顾年老的父母仍属于个人问题，几乎人人都有这个问题。就像我们不会把自己的孩子完全托付给一些育儿专家一样，我们也不想放弃自己对父母该尽的那份责任。

这意味着照顾老人的资源就和养育孩子的资源一样，主要也是由照顾者承担。近年来，照顾老人和孩子一直都是女人的责任，就像我丈夫的姐姐所做的那样。只有在能为照顾者系统地提供时间和金钱补助的情况下，这种照料的模式才有意义。

我们最终陷入了与养育孩子相似的双重束缚中：要么就得挤出时间自己照看老人，要么就得花钱请别人帮忙照料。于是，就像那些照顾孩子的人一样，老人的照料者也是全美收入最低的人。

至少我们还有社会保障机制，比如社会养老金和医疗保险。事实上，与孩子相比，我们为老人提供了更多的公共资源。但即便如此，这种模式也只不过是让个人选择要把多少通过工作赚来的钱花在未来年老的自己身上。

医疗保险和社会保障令人不解之处在于，它们只是另一种储蓄的形式。而事实上，它们应该是现在这一代人共同照顾上一代人的方式，好比带薪育儿假和幼儿园是当代人照顾下一代人的方式一样。

我们应该更多地思考和提倡照顾孩子和老人的内在价值，让这些基本的行为受到认可和支持。就像带薪育儿假一样，社会也应该为照顾老人提供带薪休假。就像社会已经正式认可，工作有时需要给孩子让步，社会也应认可，工作有时也要给老人让步，满足人们照顾父母的需要。

玩耍的价值

我们思考衰老的方式体现了有关爱的悖论，而学习的悖论则适用于其他领域。工作与玩耍、传承与创新之间的悖论关系并不局限于我们对养育孩子问题的思考上。对孩子的探讨让我们从另一个角度思考衰老，也让我们用全新的方式思考艺术和科学。

正如前面所说，童年的进化意义是为变异和创新的蓬勃发展提供保护。玩耍就是最突出的体现。玩耍本身恰恰是一种没有明显目标或结果的活动，但它却让我们探索各种不同的方案，各种运动、行为、逻辑和想象的可能。玩耍的本质是探索，而不是运用。因而它能成为童年的特征，这并不是巧合。

人类不仅有一个特别漫长的童年，而且即使在成年以后，我们仍然保持着许多像孩子一样显著的身体和心理特征，这就是生物学家所称的"幼态持续"（neoteny）[14]。成年后，人们也有着像孩子一样的开放性、好奇心，以及探索和玩耍的潜力。

更重要的是，成年人还拥有体育、艺术、戏剧、科学等一系列形式化的玩耍方式。这些也和孩子做游戏一样，有着对运动、物理和心理世界的全面探索，并结合了成人生活的兴趣、动力和目标。

工作是工业社会和后工业社会的核心，但它与玩耍和照顾之间都存在悖论关系。工作影响了照顾老人和孩子的资源，也影响了玩耍的资源。同样，工作影响了我们看待照顾的方式，也影响了我们看待玩耍的方式。

我们有时会把成年人的玩耍活动，无论是体育、艺术还是科学，看作个人的放纵，是需要购买力支持的另一种消费方式，或是有钱人的爱好。有时我们也会将其视为一种伪工作，因为它们最终会带来一些实实在在的好处，比如身体健康或精神状态的提升、改进的机器设备或更好的医疗产品等。每个申请科学基金的提案都必须用一个章节来论述研究它的结果是有意义的。

十分有趣的是，从长远来看，玩耍确实对成人和孩子都有着很强的实用性，特别是在科学发现方面。但这些实用的科学发现几乎都源于人们的无心插柳，而并非是以此为目标而得来的。为了能长远地达成各种目标，人们必须在短期内拒绝参加目标明确的活动，这就是对探索与运用这对悖论的权衡。

我们为孩子提供各种玩耍的空间和资源，并不指望玩耍能马上给我们带来回报。对科学家、艺术家还有其他所有探索人类可能的人来说，我们都应该抱有类似的态度。

在前工业和后工业时期，很多成功的高科技企业都十分重视玩耍态度的价值。比如像谷歌和皮克斯等需要创造力的公司，会特意给员工提供玩耍的时间和空间。多年来，谷歌公司规定员工每周都要在他们认为有趣的想法上分配时间，而皮克斯公司的大楼里则有许多秘密通道和游戏屋。

我所见过的玩耍对成人和孩子产生价值的一个最典型的例子，来自20世纪20年代伟大的无声纪录片《北方的纳努克》(*Nanook of the North*)。这部电影追述了居住在北极圈的原住民，一个因纽特猎人纳努克和他的家人在地球上最恶劣的气候下，用自己的狩猎和采集技巧努力生存的故事。

电影中，纳努克给他刚学会走路的儿子制作了一个玩具小雪橇。父子俩都在雪中尽情玩耍，这一幕对于像我这样在加拿大生活过的人来说非常熟悉。让我们思考一下这看似毫不起眼的举动。试想，在时间和物质上都仅能维持生计的情况下，这父子二人却拿起雪橇玩耍了起来。然而纳努克清楚，对于生活在冰天雪地中的人来说，在冰雪中的顽皮探索是对未来最好的投资。而生活在最富有国家的我们，却还没有明白这一点。

后记

为人父母是在一系列矛盾中寻找平衡的艺术

为什么要做父母？养育孩子为什么会让人感到有价值？

为人父母这件事本身是不值得的，因为它只会导向一个特定的结果，那就是创造出一个有特定价值观的成年人。但是，为人父母能让一个全新的生命走入这个世界。每个新生儿都是前所未有、独一无二的，都是由各种基因、经验、文化和运气组合而来的复杂产物。在呵护和照料下，每个孩子都将成为独一无二的人，创造属于他自己独一无二的生活，充满了快乐与悲伤、成功与失望、骄傲与遗憾。如果说他们的生命非常值得度过，那它一定是所有这一切的结合。我们对孩子那特殊的、无条件的爱，也意味着我们要对孩子的独一无二表示尊重和支持。

为人父母的成功在于养育成人的孩子能够自己做出决定，哪怕是灾难性的决定。这是作为父母最悲伤的一部分，但也是道德深度所在。好的父母会让孩子在一个安全、稳定的童年期不断尝试和探索全新的生活和存在方式，让他们勇于冒险。风险只有在事情变坏之后才能真正被称为"风险"。如果孩子没有机会失败，那我们作为父母就不成功。同样，好的父母也会支持孩子以自己未曾预料到的方式去获取成功。

回顾一下我在本书最开始时提出的问题：在养育孩子时，我是否做了正确的决定？我又是如何影响了他们，使他们成为后来的模样？现在，我更确信这些问题的提问方式是完全错误的。

我的孩子没有一个复制了我的生活。相反，他们每个人都创造了属于自己的宝贵生活。他们的价值观里有我的价值观和传统，也包含了教导和照顾过他们的其他人的价值观和传统，更包含了他们这一代人的创新，以及他们自己的发明。有时，我甚至完全不能理解并感到震惊（穿鼻环？黑帮说唱？），但更多的时候我会感到惊喜（艺术餐车！环保木匠坊！）。我别无他求了。

从古至今，父母和孩子间的互动都涉及人性的深处，甚至是最深刻的部分。它有其悲剧性的一面。人类能从长远的历史角度审视自己。现在，我们能以更科学的方式研究自身了，但先人的英灵也一直留在我们的心中。

希腊神话里俄耳甫斯对他逝去妻子欧律狄刻的缅怀追逝，是人类与过去的关系中最生动、最引人注目的形象之一。随着时间的推移，我们迈步向前，却把所爱的逝者留在了过去。回忆、故事、照片、视频……所有我们为了怀念他们所做的努力，似乎都把他们进一步推向了逐渐流逝的过去。我们无助地看着祖父母和父母的身影、年轻时的自己甚至是自己孩子天使般的美丽面孔，慢慢消失在过去里。

作为父母，我们也会经历一种对未来的俄耳甫斯效应。作为孩子的父母甚至祖父母，我们都会看着他们无可挽回地走向我们永远无法到达的未来。这是个简单的事实。我不会有机会看到奥吉 40 岁以后的生活，我也无法猜测那种生活会是什么样的。但是，即使我不会到达那里，但奥吉会，所以我的一部分也会随着奥吉传达到未来。

父母和孩子的故事里不只有悲伤，更有希望。父母给了我们过去，我们也会留给孩子属于他们自己的未来。

致谢

我在研究生院读书的时候成为一名妈妈,同时成为一名科学家,所以这本书是我40年经验的结果,我有太多人要感谢。加州大学伯克利分校,特别是心理学系、人类发展研究所和大脑与认知科学研究中心,多年来一直就像我的家一样。所有同事也深深地影响了我,尤其是Tom Griffiths、Tania Lombrozo、Stephen Hinshaw、Ron Dahl、Richard Ivry、Phil and Carolyn Cowan,以及Linda Wilbrecht为本书做出的特别贡献。

我的学生和博士后,不管是之前的还是现在的,都为我的工作做出了贡献,尤其为这本书贡献力量的包括Tamar Kushnir、Anna Waismeyer、Chris Lucas、Daphna Buchsbaum、Caren Walker、Adrienne Wente、Katie Kimura和Azzura Ruggieri。Laura Schulz阅读并讨论了第6章以及很多其他内容。我的实验室经理Sophie Bridgers和Rosie Aboody使这个研究成为可能,并在组织参考文献时付出了宝贵的时间。

美国国家科学基金会（DLS0132487，BCS-331620）多年来一直为我的研究提供资金支持，麦克唐奈基金会、贝索斯家族基金会和坦普尔顿基金会也帮助并支持了我的研究。当然，我最应该感谢的是一直在与我们合作的孩子、他们的父母、幼儿园，还有博物馆。

本书的写作也多亏了牛津大学万灵学院在 2011 年提供的奖学金，它在很大程度上使这些想法能够在我参与的一个关于认知演变的研发小组里得以验证。我非常感谢所有参与者，尤其是 Cecilia Heyes 组织了这个小组并邀请我加入。与 Kim Sterelny 和 Eva Jablonka 的对话也对本书产生了特别重要的影响。

我还要感谢一些长期影响着我的想法的同事和好朋友，包括 Henry Wellman、Andrew Meltzoff、Paul Harris、Clark Glymour、John Campbell、Peter Godfrey-Smith 和 Jane Hirshfi。在写作这本书时，我结交了两位新朋友，他们是我在进化生物学领域的导师 Sarah Hrdy 和 Kristen Hawkes，我非常感谢他们两位。

我十分感谢 Eric Chinski，他是法勒-斯特劳斯 & 吉鲁出版社的编辑，从一开始他就对这本书充满信心并指导我完成，Laird Gallagher 帮我对全文进行了润色。还要感谢我的经纪人 Katinka Matson 一如既往给我提供了很多帮助。

本书中的几个段落最开始是以不同的形式出现在《纽约时报》《页岩》(Slate)和《华尔街日报》中的。我非常感谢那里的编辑。我还欠 Gary Rosen 和 Peter Saenger 一次感谢，他们在过去 3 年里，在《华尔街日报》上编辑了我的"精神和物质"专栏。

我自己的父母 Myrna 和 Irwin，以及我的兄弟姐妹 Adam、Morgan、Hilary、

Blake 和 Melissa 都是我和我所做一切的基础。两位作家 Adam 和 Blake 都阅读了本书的草稿，并提出了非常宝贵的建议。

我的孩子阿列克谢、尼古拉斯和安德鲁斯以及他们的父亲乔治·莱温斯基（George Lewinski）教会了我当下所知道的关于做父母的一切，我非常感激。

最后，我的孙子、孙女奥吉、乔治和阿提库斯在过去的 5 年里一直是我生命中最大的乐趣来源。他们也是这本书真正的灵感来源。我最要感谢的是同为祖父母的我的爱人，亲爱的伴侣，也是本书的第一位也是最好的一位读者——埃尔维·史密斯。

这本书是献给他们的。

注释及参考文献

考虑到环保的因素,也为了节省纸张、降低图书定价,本书编辑制作了电子版的注释。

扫码查看本书全部注释内容

译者后记

别再"焚琴煮鹤"你的孩子了

赵昱鲲
清华大学积极心理学
研究中心副主任

这是我读过的最好的育儿书。

如今市面上的育儿书,大多是讲方法的。从如何让孩子听话、如何让孩子学习好,到怎么培养孩子的创造力、怎么跟孩子读绘本……用本书作者的话说:"亚马逊网站上的教养类书籍就有大约6万种,其中大部分在标题里都有'怎么''如何''方法'等这些字眼。"这些书当然有用,其中很多书也确实能帮助父母解决问题,但是,育儿和世界上所有的事情一样,正如美国学者西蒙·斯涅克(Simon Sinek)所画的这张"黄金圈法则"(如图9-1所示),最重要的是"为什么",其次是"怎么做",最后才是"做什么"。解决了核心问题,外围的问题如高屋建瓴,自然水到渠成。

```
        What
      How
    Why
   为什么
   怎么做
   做什么
```

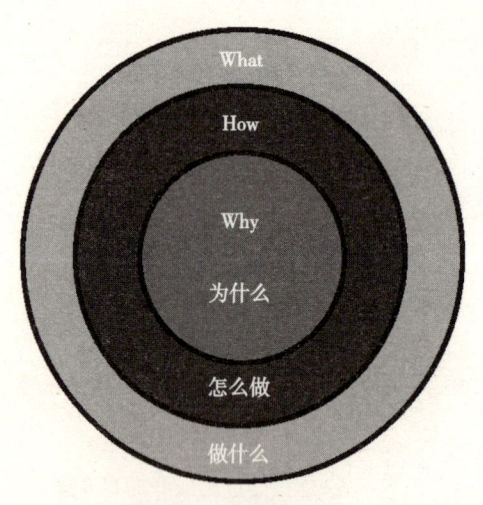

图 9-1 "黄金圈法则"

这本书好就好在，它直接讨论了"为什么"的问题：我们为什么要育儿？孩子为什么如此的奇异混乱？为什么如此奇异混乱的孩子，我们还那么爱他们？

而要讨论育儿的"为什么"，就只能在进化里找原因。这就把我们对育儿问题的思考，从几年、十几年、顶多几十年，一下子放大到了十万年以上的维度。这也正是本书鹤立鸡群于其他育儿书的一个鲜明特点：书中满是各类发展心理学的最新研究干货，却不是为了解决你目前头疼的一个个问题，而是将内容组织在一个超大时间维度和思考深度的进化框架之下。它不仅仅是告诉你应该做一个园丁式父母而不是木匠式父母，更是要启发你深思：做父母的本质，到底是什么？

作者对以上问题，都在书中做了令人信服的论证，而你读到这里，相信也已经有了自己的答案。在这篇小小的译者后记里，我想把作者提出的问题再换一个角度，即不再是从父母的角度来思考育儿的为什么、怎么做、做什么，而是从孩子的角度，来讨论影响他们成长的为什么、怎么做、做什么。

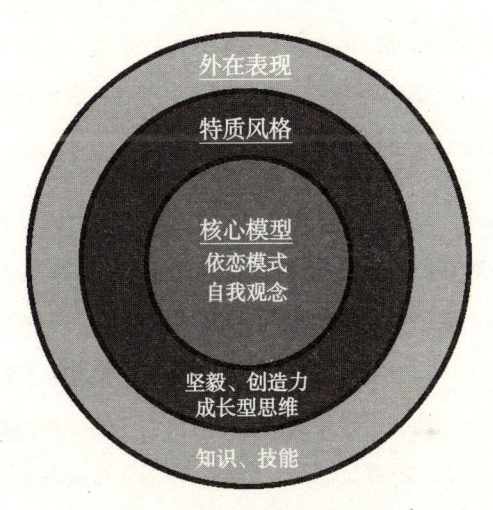

图 9-2　"黄金圈法则"下的育儿

（圈层由外至内：外在表现；特质风格；核心模型 依恋模式 自我观念；坚毅、创造力 成长型思维；知识、技能）

为此，我把前面的图 9-1 改了一下，如图 9-2 所示，对孩子来说，他们的行为也可以分三个层次来分析。

最外层是 what，即外在表现，比如知识、技能，考试考了多少分，拿过什么奖，上了什么大学，乃至将来做什么工作，等等。这是一个孩子最明显可见的指标，也是通常被拿来衡量孩子是否"成功"乃至父母是否合格的标准。

其次是 how，即特质风格，比如创造力、好奇心、探索精神、坚毅、勇气、社交能力，等等。这些方面没有外在表现那么明显，但也可以通过观察或者测量来发现。那些拥有突出品质的孩子，哪怕在外在表现方面没有那么成功，我们也会称赞他们"优秀"，因为我们都知道，特质风格是外在表现的驱动因素。一个孩子，哪怕现在成绩不够好，但是只要他有创造力、好奇心以及好学、探索的精神，那将来总能取得好的成就；反过来，一个孩子哪怕现在成绩很好，但如果缺乏坚毅的品格，也不具有成长型思维，那他将来难免会在长期的终身学习过程中落伍。

最内层是 why，即孩子的心理内核，这是他们对这个世界和自己所构建的核心模型。比如依恋模式：爸妈爱我吗？在乎我吗？我安全吗？又比如自尊：我有价值吗？我值得被爱吗？再比如自主：我有选择的自由吗？我能自己做决定吗？我可以追求自己的兴趣和价值观，还是应该顺从别人的要求？这些核心模型是孩子还在懵懵懂懂之时，对世界和自己所形成的一系列最重要的核心看法，或者说感受，因为它们往往存留在潜意识中，并非明确的信念，而是本能的反应。它们隐藏在一个人的内心深处，不要说别人很难轻易观察到，就连孩子自己，也经常意识不到。可是，它们对孩子的影响却是无处不在、无远弗届的。

综上所述，我们可以发现这个三层模型有如下特点：

第一，内层是外层的驱动，外层是内层的体现。心理内核影响特质风格，特质风格又影响外在表现。

第二，外层更容易评估。外在表现是可以直接衡量的，分数、名次、大学、年薪等，这些都很容易比较。特质风格更难一些，但也可以观察或者测量出来。心理内核则连一个人自己都未必能意识到，别人也需要一定的专业知识以及较长时间的相处才能观察出来。而我们总是倾向于拿最容易比较的指标来进行比较，因此，越是外层的因素，在我们的评价体系里占的比重越大，而更重要的内层因素，反而经常被我们忽略。

第三，越外层越容易改变，越内层越难以改变。知识、技能的学习当然也不是容易的事情，但总比把一个人从固定型思维纠正为成长型思维，或者培养一个人的坚毅、创造力容易。但是，最难的还是改变一个人的心理内核。

那么，这就形成了一个悖论：最重要的心理内核，却是父母最不重视的，而最容易在人生中学习、改变，并且受到心理内核和特质风格严重影响的外在表现，却仅仅因为最容易被评估，就得到了父母最大的重视。

于是，父母在育儿中就出现了大量本末倒置的行为。本来应该是外层为内层服务，利用外层来构建更好的内层，比如利用学习过程来培养孩子的成长型思维，进而使他有一个更高的内隐自尊，但很多父母却选择了牺牲内层，来达到外层的速成。

比如用有条件的爱去操控孩子，他弹钢琴就笑逐颜开，他玩泥巴就面色铁青。这样倒是能促使孩子多弹钢琴、远离泥巴，因为父母的爱对孩子来说太重要了，他宁愿放弃自己的兴趣也要争取父母的爱。一直用这样的抚养方式，可能会让孩子赢得钢琴比赛，但也会让他降低自尊、迷失自我。

用本书中的话说，进化让我们更享受、更喜欢、也更擅长做园丁式父母，因为园丁式父母培养出来的孩子，比木匠式父母培养出来的孩子更有优势。木匠式父母要把孩子按图纸打造成一个工艺品，但哪怕图纸设计得再精妙，父母的打造手艺再精良，都只是在塑造孩子的外在表现。为了把这一层雕琢得毫厘不差，父母必然会伤害到孩子的特质风格和心理内核。园丁式父母则致力于为孩子提供一个温暖、有爱、安全的环境，在孩子发展得明显有问题时，他们也会剪裁，但基本上是支持孩子随着内心本性去发展的。这样培养出的孩子会有最健康的心理内核，也会有最蓬勃的特质风格，最终，他们的外在表现会千姿百态而又让人喜出望外。

焚琴煮鹤的故事大家都听过，你相信你的孩子是瑶琴，还是木柴？是仙鹤，还是肉鸡？木匠式父母往往出于恐惧和焦虑，他们害怕孩子一旦输在起跑线上，就会一辈子落后，如果没有好的外在表现，就会一辈子痛苦。他们以为疾风劲吹，会吹倒木柴，却不知瑶琴会在风中吟唱；他们以为洪水漫灌，会淹死肉鸡，却不知仙鹤会在水上起舞。

孩子天生是要成为瑶琴，而不是木柴；天生是要成为仙鹤，而不是肉鸡。进化赋予人类的伟大天赋，是灵活应对，而不是僵化重复；是在错误中学习，在困难中成长，而不是犯了错误就一蹶不振，遇到困难就畏缩不前；是要去度过一个美丽、充实、激情的人生，而不是终日无谓地辛劳却不知道自己想要什么。

木匠式育儿不仅会毁掉本该属于你的育儿享受，还会毁掉孩子的人生。把孩子当木柴养，最后瑶琴也会成为木柴，沦为燃料；把孩子当肉鸡养，最后仙鹤也会成为肉鸡，沦为食物。

这本书的价值就在于，用进化的视角以及现代发展心理学得出的证据，同时论证了孩子的天性，虽然孩子看似像木柴、肉鸡一样令人抓狂，但其实却是在进化的精妙设计下，迈向成为瑶琴、仙鹤的必然铺垫。给他们一个花园，他们就能百花齐放，但对他们施以斧凿，则会把他们变成器具。孔子曰："君子不器。"把精气神十足的君子培养成呆头呆脑的器具，难道不是世间最大的焚琴煮鹤吗？

最后，感谢湛庐文化，把翻译这本杰作的机会给了我们，尤其感谢季阳、方妍两位编辑在翻译过程中给予的大力支持。最要感谢的是刘家杰老师，他承担了本书的大部分翻译任务，却把写这篇后记的机会让给了我。

愿这本书让你深思。

未来，属于终身学习者

我们正在亲历前所未有的变革——互联网改变了信息传递的方式，指数级技术快速发展并颠覆商业世界，人工智能正在侵占越来越多的人类领地。

面对这些变化，我们需要问自己：未来需要什么样的人才？

答案是，成为终身学习者。终身学习意味着具备全面的知识结构、强大的逻辑思考能力和敏锐的感知力。这是一套能够在不断变化中随时重建、更新认知体系的能力。阅读，无疑是帮助我们整合这些能力的最佳途径。

在充满不确定性的时代，答案并不总是简单地出现在书本之中。"读万卷书"不仅要亲自阅读、广泛阅读，也需要我们深入探索好书的内部世界，让知识不再局限于书本之中。

湛庐阅读 App: 与最聪明的人共同进化

我们现在推出全新的湛庐阅读 App，它将成为您在书本之外，践行终身学习的场所。

- 不用考虑"读什么"。这里汇集了湛庐所有纸质书、电子书、有声书和各种阅读服务。
- 可以学习"怎么读"。我们提供包括课程、精读班和讲书在内的全方位阅读解决方案。
- 谁来领读？您能最先了解到作者、译者、专家等大咖的前沿洞见，他们是高质量思想的源泉。
- 与谁共读？您将加入到优秀的读者和终身学习者的行列，他们对阅读和学习具有持久的热情和源源不断的动力。

在湛庐阅读 App 首页，编辑为您精选了经典书目和优质音视频内容，每天早、中、晚更新，满足您不间断的阅读需求。

【特别专题】【主题书单】【人物特写】等原创专栏，提供专业、深度的解读和选书参考，回应社会议题，是您了解湛庐近千位重要作者思想的独家渠道。

在每本图书的详情页，您将通过深度导读栏目【专家视点】【深度访谈】和【书评】读懂、读透一本好书。

通过这个不设限的学习平台，您在任何时间、任何地点都能获得有价值的思想，并通过阅读实现终身学习。我们邀您共建一个与最聪明的人共同进化的社区，使其成为先进思想交汇的聚集地，这正是我们的使命和价值所在。

CHEERS

湛庐阅读 App
使用指南

读什么
- 纸质书
- 电子书
- 有声书

怎么读
- 课程
- 精读班
- 讲书
- 测一测
- 参考文献
- 图片资料

与谁共读
- 主题书单
- 特别专题
- 人物特写
- 日更专栏
- 编辑推荐

谁来领读
- 专家视点
- 深度访谈
- 书评
- 精彩视频

HERE COMES EVERYBODY

下载湛庐阅读 App
一站获取阅读服务

版权所有，侵权必究
本书法律顾问　北京市盈科律师事务所　崔爽律师

THE GARDENER AND THE CARPENTER by Alison Gopnik
Copyright © 2016 by Alison Gopnik
All rights reserved.

浙江省版权局图字：11-2023-151

本书中文简体字版经授权在中华人民共和国境内独家出版发行。未经出版者书面许可，不得以任何方式抄袭、复制或节录本书中的任何部分。

图书在版编目（CIP）数据

园丁与木匠 /（美）艾莉森·高普尼克著；刘家杰，赵昱鲲译. — 杭州：浙江科学技术出版社，2023.5（2024.5 重印）
ISBN 978-7-5739-0595-6

Ⅰ.①园… Ⅱ.①艾…②刘…③赵… Ⅲ.①学前教育—教学研究 Ⅳ.① G612

中国国家版本馆 CIP 数据核字 (2023) 第 075671 号

书　　名	园丁与木匠
著　　者	[美] 艾莉森·高普尼克
译　　者	刘家杰　赵昱鲲

出版发行	浙江科学技术出版社
	地址：杭州市环城北路177号　邮政编码：310006
	办公室电话：0571-85176593
	销售部电话：0571-85062597
	E-mail:zkpress@zkpress.com
印　　刷	唐山富达印务有限公司

开　　本	710mm × 965mm　1/16	印　　张	17.75
字　　数	195千字	插　　页	1
版　　次	2023 年 5 月第 1 版	印　　次	2024 年 5 月第 5 次印刷
书　　号	ISBN 978-7-5739-0595-6	定　　价	99.90 元

责任编辑　柳丽敏	责任美编　金　晖
责任校对　李亚学	责任印务　田　文